Diasporako bertsoak

Ekin
Biblioteca de Cultura Vasca – Euskal Kultura Bilduma, 79

Asier Barandiaran

Diasporako Bertsoak

Ekin
Buenos Aires
2016

Biblioteca de Cultura Vasca
Euskal Kultura Bilduma, No. 79

Editorial Vasca Ekin Argitaletxea
Lizarrenea
C./ México 1880
Buenos Aires, CP. 1200
Argentina
Web: http://editorialvascaekin-
ekinargitaletxea.blogspot.com/

Eskerrak Xenpelar Dokumentazio Zentroari eta Mintzola Ahozko Lantegiari eskainitako agiri eta laguntzarengatik

Lehenengo edizioa. Lehenengo inpresioa.
Ameriketan inprimatuta.

Azaleko diseinua © 2016 JSM

ISBN-10 lehenengo edizioa: 0-9967810-4-8
ISBN-13 lehenengo edizioa: 978-0-9967810-4-6

Aurkibidea

DIASPORAKO BERTSOAK
BERTSO JARRIEN ANTOLOGIA BAT
ASIER BARNDIARAN AMARIKA[1]

Euskaldunok izan dugun komunikatzeko modu bat, gure kultura eta izaeraren berri emateko modu bat bertsoa izan da. Herri xeheak hainbat gai jorratu ditu bertsoen bidez. Bertsolariek, bat batean, estilo herrikoian eta, askotan, modu dialektikoan bizimodu arruntaren gaiak eta bestelako gai transzendenteak jorratu izan dituzte. Bertso-paperetan, berriz, modu zehatz batean askotariko gaiak jorratu izan dira duela gutxira arte, zenbait urtetan *bertso-mania* halako bat izateraino, zonalde euskaldunetan batez ere[2].

Bertsolaritza aztertu duenetako batek bertso jarrien tradizioa bertsolaritzaren adar bat legez hartzen du, zenbait gai "serioago" zehaztasun gehiagoz jorratzeko egokiagoa omen dena:

"Gizarte molde horretako bertsolariek non kantatzen zituzten gai serioak eta garrantzizkoak? Bertso jarrietan. Lehengo bertsolariek bazekiten, bai, gai serioak eta astunak ere kantatzen, batez ere gai politikoak, erlijiosoak, moralak eta gertaerazkoak. Baina gai horien tokia ez zen sagardotegia, bertso papera baizik. Horrela bertso jarrien tradizioa bertsolaritzaren bi adarretatik bat da, bestea baino garrantzitsuagoa beharbada. Historiako bertsolarien ezagutza hortik daukagu batez ere."[3]

Ahozko kultura batean bizi diren komunitateetan, batbatekotasunak nola edo hala bizirik irauten du, nahiz eta kultura horrek idatzizko teknologia ere ezagutu. Euskal kultura ahozkotasunari esker transmititu da neurri handi batean azken

---

[1] Lan hau LAIDA (Literatura eta Identitatea, UPV/EHU) ikerketa talde kontsolidatuaren baitan kokatzen da IT 1012/16, Eusko Jaurlaritzaren Hezkuntza, Unibertsitate eta Ikerketa Sailak sustatua.
[2] Zavala 2006:211-213
[3] Amuriza 1997:159

mendeotan, baina euskaldunek jakin izan dute ahozko estiloko zenbait ekoizpen (bertsoak) letra bihurtzen eta ekoizpen horiei bertso idatzi, bertso jarria edo bertso-paper deitu izan zaie. Baina "funtsean bat-bateko bertsogintza eta bertso-paperak enbor bereko ezpal bi"[4] direla esan dezakegu, erretorikaren ikuspegitik batez ere. Sormena, ekoizpena eta hedapena aldatuz joan da, baina XIX. mendean eta XX. mendearen erdira arte bertso jarriak izan dira nagusi bertsogintzaren munduan[5]. Gero, orain aztertzea ez dagozkigun arrazoiengandik, bat-bateko bertsolaritza nagusiko egingo zen.

Lan honetan bertso jarriak hartuko ditugu kontuan, trataera berezia eskatzen dutelako eta Euskal Diasporaren berri emateko dugun aparteko tresna izan direlako. Euskal Diasporaren definizioan, bestalde, ez gara hasiko, dagoeneko oso onartua den terminoa delako eta euskal kulturaren berri duen edonork konpartitzen duen jakintza bat delako[6].

Zalantzarik gabe, diasporaren berri emateko ere sarri askotan bertsoari ekin izan diote euskaldunek. Horren jakitun aspaldidanik izan gara, besteak beste, Antonio Zavala bezalako biltzaile eta ikerlariak izan ditugulako. 1984. urtean *Ameriketako bertsoak* izeneko lana kaleratu zuen bere "Auspoa Liburutegiaren" barruan eta lan horrekin argi geratu zen euskaldunok Diaspora eta gure emigrazioari buruz ere bertsoak paratu ditugula. Baina XIX. mendearen bukaeratik bagenekien Diasporan bizi ziren euskaldunek ere bertsoak argitaratzen zituztela euren egoera, gertaera eta sentimenduen berri emateko. Behintzat *Californiako Eskual Herria* kazeta erosten zutenek bazekiten, 1893-1898 urteen artean euskara hutseko kazeta edo astekari hartan Ameriketan bizi ziren egile batzuek haien berri ematen baitzuten.

---

[4] Paya 2013:26
[5] Garzia 2001:20
[6] "Txapela buruan eta ibili munduan" delako esaera zaharrak berak erakusten digu euskaldunaren balizko ezaugarrietako bat dela munduan zehar ibiltzea. Hala da, euskaldunek hainbat arrazoirengatik emigratu egin dute eta, bai iraganean bai gaur euskaldunak dispertsaturik, sakabanaturik bizi dira munduan zehar. Munduan zeharreko euskal komunitateari esan diezaiokegu Euskal Diaspora. Sakontzen hasteko, lagungarria iruditzen zait web-gune hau: http://www.euskomedia.org/aunamendi/ee150183/133237

1. Partitu beharra

Lehenengo eta behin, erbestera partitu behar izatea, gurasoak despeditzea eta bidaia nolakoa izan zen kontatu izan digute bertsoz euskaldunek. Gurasoengandik despeditzean elkarrizketa bat izaten da partitzailearen eta guraso baten edo gurasoen artean. Pedro Mari Otañok bertso-sorta antologiko bat utzi zigun 1900 urtean "Aita-semeak" izenburuarekin (2. atala). Hor, batez ere aita jarri du hizketan Otañok, eta aitaren bertso horietan euskalduntasunaren printzipioei (euskaltzaletasuna, fedea, zintzotasuna, langilea izatea... eta abar) eusteko aholkua ematen dio aitak semeari, herentziarik onena horixe izango zelakoan.

Kanpora joan behar denaren ikuspegitik bertsoz kantatu behar izatea ere suertatzen da eta horretan ere amari edo aitari agur egin behar izatea momentu hunkigarria bilakatzen da eta batzuetan lazgarria. Jose Mari Iparragirrek (1820 – 1881) zenbait bertso antologiko utzi zizkigun ("Agur Euskalerriari", horietako bat, 1. atala), batez ere bere amari agur eginez, Ameriketara joatea Jainkoaren borondatea esanez ama kontsolatu nahian. Hona hemen lehenengoa:

Gazte gaztetatikan
Erritik kanpora
Estranjeri aldean
Pasa det denpora;
Egiya alde guzietan
Toki onak badira
Baña biotzak dio
Zuaz Euskalerrira.

Nolabaiteko kontzientzia kolektiboan geratutako irudiak, esamoldeak eta sentimenduak dira Jose Maria Iparragirreren hauek. Izan ere, handik urte askotara Kalifornian bizi zen arnegitar batek, ere honela jarri zuen bertsoz:

[9]

Aditua dut kantu xahar bat lehenago beharrira:
«munduko eskualde guzietan toki onak omen dira
eskualdunen bihotzak dio zoaz Eskual Herrira";
neriak ere galdegiten daut gauzaño hori ber bera,
esperantza dut, bai, konplitzia, berandu gabe sobera.
tra la la la tra la la la, berandu gabe sobera.[7]

Bidaia bera ere bertso-gai edo kanta-gai bilakatzen da (7. atala). *Ameriketako bertsoak* delako liburuan[8], esate baterako, Antonio Zavalak zenbait bertso sorta bildu ditu —horietariko batzuei ez zaie egilerik ezagutzen— non mundu berrirako bidaia hori kontatzen den, garai batean hagitz latza, itsasontziz eta egoera kaskarretan egiten baitziren. Mikaela Zarrana nafarra omen zen sortzez eta Ameriketara emigratu zuen. Enkarguz bertso batzuk jartzera agindu zuen (6. atala) eta beraietan Ameriketarako bidaiaren nekeak eta penak kontatzen ditu. Zorriak, nafarreria, gosea, janari eta edari gutxi.

1856ko bidai baten berri ematen digu beste (izenik gabeko) bertso-sorta batek. "Bertso berriak español euskaldun batek jarriak" du izenburutzat eta eskuz idatziak paper batzuetan aurkitu zituen Antonio Zavalak. Pasaiatik Montevideorako itsasontzi batean egindako bidaia kontatzen da bertan, nahigabe askorekin egindako bidaia, hain zuzen. Kexatzeko motiboen artean hauxe aipatzen da:

18/ Dn. Nikolasengana
aserreak gaude,
manifestatu bear det
sentimentu au ere;
abereak bezela
onenbeste jende
bigaldu gaituala
kapellaurik gabe[9].

[7] Etxamendy 2002:36
[8] 1984an karrikaratua, Auspoa Liburutegiaren barruan. Gerora formatu elektronikoan Euskaltzaindiak edozeinen eskuragarri jarri du helbide honetan: http://www.euskaltzaindia.eus/dok/iker_jagon_tegiak/auspoa/10628.pdf
[9] Zavala 1984:31

Don Nikolasek baporean bidaia antolatu zuena izan zen, tratu txar edo eskasaren adierazle bat kapilaurik ez izatea da nabarmenetako bat, gizakiak abereen pare tratatzea bezalakoxea omen delako.

Jose Iriarte (1864-1929) bertsolari altsasuarrak ere bere Buenos Aireserako bidaiaren eta hango egonaldiaren berri utzi zuen. Bitxia da ikustea Ameriketarako bidaia kontatzean berriz ere matxinada bat gertatu zela aipatzen duela, berriro ere janari eta elikagai eskasak zirela medio. Bertso-sortak hogeita bost bertso ditu, eta horietatik bi jartzen ditut esandakoaren erakusgarri:

8/ Bapore dana sublebatu zan
uniturikan jendiak,
kapitanari esan zioten
aik etzirala txerriak;
ondramentian pagau zutela
eta egiteko jan obiak,
bestela urera juango zirala
ango katxarro guziak.

9/ Kapitan orrek modu onarekin
jendia aplakatzeko
denbora gutxi izan zutela
beingua barkatutzeko;
kozineruari enkargau zion
nedia kontentu eukitzeko,
urraingo obia izango zala
eta erretiratzeko.[10]

Euskaldunak egoera horretan matxinatu egiten dira tratu bidegabea dela-eta. Matxinatu gauza bidezko eta zehatz bat eskatzeko egiten ziren (neurrizko erantzunen bidez, betiere): bidaia ordaindu dutenez geroztik, gutxieneko janari duina eskatzen dute itsasoan barreneko bidaia luzean osasunari eusteko.

---

[10] Zavala 1984:91-92

Eskaera horretan ez diote muzin egiten autoritatea kolokan jartzeko eta haren erantzukizunari heldu diezaion eskatzeko. 1927koak omen diren bertso batzuetan, berriz, Australiarako emigrazio baten berri ematen zaigu "Motriku'tik Australia'ra" delako bertso-sortarekin. Han ere etsimendu pitin batekin bada ere, berriro ere bidaiaren egoera latza azaltzen da. Hamahiru bertsoetatik hirugarrena ekartzen dut hona (gainontzekoak 7. atalean daude):

3/ Ortik onera pasatu ditut
lur ta itxaso luziak,
prantzes barkuak ekarri nindun
irugarrengo klasian;
gutxi jan eta padezituaz
egarri eta gosiak,
nunbait merezi izango nitun
kastigu oiek guztiak.[11]

2. Erbesteko bizimodua

Erbestean izanik, egoera berrietara nola egokitzen diren kanta-gai eta bertso-gai izaten dute euskaldunek. Emigrazioaren katean katebegi batzuk direla konturatzen dira sarritan eta etorri zein etorriko direnei aholkuak ematen saiatzen dira, besteengan edo eurengan izandako eskarmentua gidari. Paolo Yanzik, adibidez, bertso bidezko harreman oparoa izanen du bere iloba Josetxo Yanzirekin eta horri esker hainbat sorta interesgarri utzi zizkiguten (5. atala). Aberastasun eskasez gain, adibidez, egileek artzain izatearen arriskuez ohartarazten dituzte euskaldunak. Artzainen kasuan, langintzaren laztasuna izaten da aipagai aunitzetan. Ondorengo bertsoetan Paulo Yanzik (Ameriketan zenbait urte emandakoa) bere iloba Josetxo Yanziri (orduan Ameriketan bizi zena) euskal artzainaren nekeak gogorarazten dizkio:

---

[11] Zavala 1984:104

3/ Udan lan arraxa izanikan
neguan beti nekia,
artzainak izaten du mendiyan
ibilli biar aundiya;
askotan elurra azpiyan eta
gañetik berriz uriya,
barrena auleriyak artua,
bizkarra berriz bustiya,
ara nolakua den artzai gi-
zajo oriyen biziya.[12]

Eremu basatian bizitzearen arriskuak aipatzen dituzte, artalde eta gizakiarendako arriskutsuak diren animali basatiekiko ikara adierazi nahian. Ikara hori gainditu eta egoera arriskutsuari aurre egiteak, berriz, euskal artzainaren irudi intrepido, ausart eta izukaitza areagotzea dakar eta horrek ia-ia *cowboy*ren pare jartzen ditu zenbaitetan euskaldunak.

Urbian artzain izandako bi euskal emigrantek, Ipar Ameriketan bizi direnak eurak, bertso batzuk bidali zituzten eta 1965ean Aranzazu aldizkarian argitaratu egin zituzten. Sorta hamabi bertsokoa da eta sarrera honetarako bi hauek iruditzen zait interesgarriak direla irakurlearentzat (7. atalean sorta osoa dago):

4/ Piztirik txarrenak artzak
eta koioteak,
gauetan ezin utzi
zabalik ateak,
eta sarritan egiten
diguten kalteak;
tiro batzuek tirata
egin bear pakeak.

---

[12] Zavala 1968:129

5/ Argi ibilli bear
emen dabillenak,
ez ditu lasai edukiko beti
beraren gibelak;
aurrean azaltzen zaizkitzu
pizti zatarrenak,
suge kaskabeleak dira
bildurgarrienak.[13]

Pedro Juan Etxamendy arnegiarrak ere, koioetak aipatzen ditu, noizbehinka (11. atala):

Ameriketan ere beldurrez artzaingoan naiz egona,
beti mendi ta desertuetan pastuz gau eta eguna,
nondikan ateratuko zauntan kuiote edo sorgina;
nik uste janak izanen ginan onak izatu bagina.[14]

Baina piztiez gain, artzainek badituzte beste arrisku batzuk, non eta etika eskasetako dibertsio hondagarrietan, jokoan, eta abarretan. Joera horietan asko erori diren arren, badira zenbait horren jakitun direnak eta horretatik libratzen ahalegintzen direnak. Josetxo Yanzik bere osabarengandik jasotako aholkuei honela erantzuten die:

3/ Osaba, zure esana oriyek
denak dirade egiyak,
ez duela gauz onik ekartzen
erriko gaiztakeriyak;
jostaketa oiek nola diraden
ondo gaude ikasiyak,
orrengatikan zaitzen ditugu
mendiyan irabaziyak,
bizi gerade bide txar oiek
alde batera utziyak.[15]

[13] Zavala 1984:128
[14] Etxamendy 2004:70
[15] Zavala 1968:134

Artzainentzako beste arriskuetako bat ostalari zekenak (*oteleruak*) izan ohi dira, horietako batzuk saiatu izan direlako euskal artzainen irabaziak modu batez edo bestez ostatuetan gera zitezen, 1920ko bertso anonimo batzuetan kontatzen denez:

4/ Herrirat hizanian nunbaitera agertzen
trago batez berehala haute gomitatzen,
«aspaldian nindian ba hitaz orhoitzen
Denbora ez hintzala herrirat azaltzen.»

[...]

14/ Herrian diren horiek egiten dute irri
gu bezalako artzain giza gaisoari
sosa dugularikan gomita deneri
gero igual mendian larrua ageri.[16]

Euskaldunen lana Mundu Berrian ez da beti artzaintza izaten. Batzuetan, Ignazio Argiñarena (Errazkin, 1909 – Isla Mala, Uruguai, 1997) nafarraren kasuan bezala, esnegintza da euskal emigranteen zeregina. Eta bizimodu atera nahian beste kultura, beste ohitura eta beste jarrera etikoekin egin zuen topo... eta bertsotan adierazi ere.

Etxeak egiteko materialak eskasak dira (etxeari ez omen zaio Euskal Herrian bezain besteko garrantzia ematen), buztin eta lastoa nahastuz eta lehortzera utziz lortzen diren adobeak dira eta teilarik gabeko teilatuekin. Bestalde, igandeko mezatara oso jende gutxi joaten da. Azkenik, bertako askok erantzukizunik gabe gastatzen dute irabazten dutena, gerorako gorde edo aurreztu gabe (orduko euskaldun askoren bestelako joerari eutsiz).

Hori guztia bertso-gai bilakatzen du Ignazio Argiñarenak (8. atala). Hoskidetasunaren kalitatea ez da goi mailakoa, baina adierazkortasuna bizia da, euskaraz bizi izan eta pentsatzen duen pertsona batena:

---

[16] Mallea 2003:56-59

9/ Emengo etxiak tristiak dira
begiratutzen jarrita,
bat nola ez du tristetu biar
oriek ola ikusita.
Arririk gabe egiñak daude
lasto ta lurrez nastuta,
egurra gutxi, lastzo legorra
tellerik emen ez da ta.

10/ Kristau legia nola daguan
piska bat nahi nuke esan:
Lau edo bost gizon izaten gera
guztiok jaieko mezan.
Eleziak txikik izanagatik
guretzat tokia bazan,
konfesio ta apaiz konturik
ez jende oneri esan.

11/ Aste batian irabazia
bestian dute gastatzen,
emengo jende geienak
ola dirade bizitzen.
Gero sekulan faltako danik
ez dirate akordatzen
ospitalera juan biarra
inoiz badira gaizkitzen.[17]

Arestian aipatutako Mikaela Zarranaren bertsoetan (6. atala) emakumearen ikuspegia erakusten zaigu, agian pixka bat bigarren mailara baztertua. Hutsune hori bete nahian eta emakumeari justizia pixka bat egiten hasteko Bankako Menditarren bertso-sorta bat dugu (13. atala), "Ameriketan bizia egin duten emazteentzat" izenburuarekin, Euskal Diasporako emakume guztiei omenaldia egin nahian, eguneroko bizitzan euskal kulturaren transmisioan giltzarriak izan direlako.

---

[17] Álvarez; Irigoyen 2007:67

13. atal berean emakumeez osatutako talde baten ekarpena dugu, Noka taldearen ekarpena. Kasu honetan Califoniako Chinokoak dira eurak eta "Kafesneari esker" delako kantuan kantua baliatzen dute narrazio bat egiteko: haietariko baten amak nola erabili zuen alabaren kafesnezaletasuna euskalzaletasuna ere sustatzeko: "kafesnea nahi badun, eskuaraz mintza zan".

Bat-bateko bertsoetan, Ameriketan kantatutakoetan barne, lan-etikari buruzko kezka antzematen da askotan. Langile eskasa izatearen gaia, bertsotan, elkarri zirikatzeko erabiltzen da maiz. Hona hemen Jesus Goñik (Oronoz, Nafarroa, 1947) Elkon (Nevada, AEB) 1992an bere bertso-lagunari bota zion bertsoa, alferra zelako salaketa (larri) batekin:

Gaurkoan bildu gerade ta
hemen entzun behar dezu
ondo jan d'edan eginez,
laneko inportik ez dizu
zer langile zaren zeure itxuraz
ondo ikusten zaizu.[18]

Bertso-jartzaileek behin eta berriz saiatzen dira azpimarratzen bertsotan kontatzen dutena benetakoa dela. Sinesgarritasuna transmititzea haien kezka nagusienetakoa da eta horrelakoetan patetismora eta hiperbolera jotzen dute:

6/ Ni baño ere gaizkigo dauden
asko dira Amerika'n
erdi jantzirik, gosiak eta
dirurik gabe patrikan;
nai arren ezin dute topatu
iñola ere lanikan,
askori esan ta ez sinistatzen
danik orrelakorikan,
neronek ere ez nuben uste
oinbesterañokorikan.[19]

---

[18] Mallea 2003:154
[19] Zavala 1984:111

Gezurrik ez det batere esa[n] nai
egiak dauzkat bastante [...][20]

Zuzentasun etiko horren jatorria agertzen dute aunitzetan artzainek eurek: euren kristau fedea, euren kultura eta pentsaerarekin bat eginda aurkitzen dena alor askotan.

10/ Euskalerritik etorri giñan
geren etxetik urruna,
ardi zaitzera gure Jainkua
daukagularik laguna;
ondo gerade Berak ematen
digularik osasuna,
bere languntzarekiñ egiten
badegu nozpait fortuna,
iritxiko da zuek ikustera
juango geraden eguna.[21]

Eta testuinguru horretan, jarrera egiazkoa edota egiazalea kokatzen da, jarrera etikoaren ondorio bezala. Horregatik askotan kontatzen dutena egia dela adieraziko dute behin eta berriz, bertsotan aritzeak ez baitie sinesgarritasunik kendu behar. Josetxok Yanci (Paulo Yanciren iloba, 5. atala) lesakarrak ere honela dio:

3/ Nik egiyak esango ditut
nola fiñez bainagon, [...]

4/ Bertsutan eztet yarriko
nik deus gezurrikan, [...]

---

[20] Álvarez; Irigoyen 2007:66
[21] Zavala 1968:136

6/ Nik egiyak esango ditut
jakiñen gañian,
jakiñen gañian;
gezurrak badira bota
oken ordañian:
diru gutxiagoz bizi obia
eiten da España'n
eiten da España'n.[22]

Juan Cruz Arrosagaray (Luzaide, 1905 – Pomona, California, 1994) luzaidearrak Ameriketako hainbat kontu ekartzen ditu bere bertsoetara (11. atala). Bere Ameriketarako bidaien inguruan eta emigrazio departamenduarekin izan zituen arazoak bertso batzuk jarri zituen. Sorta bateko 16. bertsoan honela dio:

16/ Sinetsi ahal dezakenaren aitor dezaket **egia**,
Zazpi urtez dut gobernuari atxiki neure auzia;
Denen gainera onestasuna nuela pare gabia,
Ontsa gostarik ardietsi nik dauketan libertatia.[23]

Bestalde, Juan Cruz Arrosagaray-k ez zuen xehetasun handirik eman bere artzain-bizimoduari buruz. Artzaintzan hasi zen lanean eta denbora baten buruan zenbait artalderen jabe egin zen. Ameriketara heldu zenetik eta jada zahartzarora arteko ibilaldia bertso batekin laburbiltzen du:

Luzaiden sortua eta gazte denboran han hazi,
Hogei urte betetzian sorterri maitea utzi,
Geroztikan Californian nabil harat-honat beti,
Nekaturik ardurenian eta plazer arras guti.[24]

---

[22] Zavala 1968:249-250
[23] Arrosagaray 1983:28
[24] Arrosagaray1983:52

3. Herrimina bertsogai

Diasporako euskaldunek normalean harremana izaten dute euren jaioterriarekin eta harreman hori herriminak kutsatuta edo blaituta izaten da gehienetan. Premiak eraginda Euskal Herritik atera baziren ere, bihotzeko premiak jaioterrira eramaten du, gutxienez norberaren "hezurrak han uztera", Jose Mari Iparragirrek (1. atala) bere Urretxuko herrikideei adierazi zien bezala:

> Agur adiskideak
> Ikusi artean
> Zuenganatuko naiz
> Egunen batean.
> Esperantzakin bizi
> Nai det bitartean
> Gero ezurrak utzi
> Nere lur maitean.

Euskal mundua fisikoki urruti laga arren, euskal emigrante askok barnean eraman dute euskal mundua, irudimenean, mintzairan, kulturan, musikan, bertsoetan eta bestelako ohituretan. Halaxe aitortzen du Pedro Juan Etxamendy-k bere zenbait bertsotan:

> Ni arribatu Ameriketan bihotza alegerarik,
> pala ere atzeman bainan harekilan etzen dirurik;
> ohartu nintzan utzi nuela gauzatto bat ahantzirik:
> Eskual Herrian neure gogoa batere uste gaberik,
> ni aspaldian hemen naiz bainan hura han dago geroztik,
> *tra la la la tra la la la, hura han dago geroztik*[25].

Baina jaioterriko harreman hori ez da beti izaten norabide bikoa; alegia, Euskal Herrian bizi direnek ahaztu egiten dituztela alde egin zutenak eta Diasporan daudenak.

---

[25] Etxamendy 2004:36

Cayetano Oxandabaratz izeneko bertso-jartzailea(4. atala), 1893an Fresnillon (Mexiko) bizi zena kexu ageri da urte hartako Frantziako hauteskundeetan Diasporan bizi ziren euskaldunekin kontatu ez zutelako; alegia, bozka ez zietela eskatu atzerrian bizi ziren Iparraldeko euskaldunei.

2/ Bizkitartian gu ere hemen
guziak hango semiak
Nahiz aspaldi utzi gintuen
Bayonako alderdiak
Eskual-herriak gu guziak
gaitu arras ahantziak
Nola ez behar erdiratu
oi gure bihotz trichtiak
Orori bezala guri ere
min egiten kolpiak.

Herrimin hori Euskal Herrira itzultzean ere aitortu egiten du eta poztasunez aldarrikatzen da aspaldi desiratutakoa lortu egin dela, jaioterrira itzultzea. *Jayoterri maittia* delako Etxeitaren eleberrian hori berori ikusten dugu. Artzain giroko eleberria dugu, baina emigrazioaren gaia ere agertzen da. Bertso askorik ez dituen arren, pertsonaiak batzuetan "asmatutako" bertso batzuk abesten ageri dira (3. atala). Bertsootan, jakina, herri mina pil-pilean dago. Pertsonaiak Ameriketatik itzuli dira jada, baina istorioaren bukaera aldean atzerrian, Mexikon abesten zituzten bertsoak ekartzen dituzte gogora, azpimarratuz jaioterria beti egon zela euren bihotzen erdian:

Agur Ardibasoko ardi-tokija
Geure bijotzetako zoragarrija,
Zeugandu gara
Erririk laztanena zeu zara
Lurbironetan,
Beti zagoz gure bijotzetan
Maitagarrija
Amesetako jaioterrija
Asabaren gomutagarrija.

Urrun ibilli arren geure lanetan
Euskalerrija geunkan guk bijotzetan,
Zein pozgarrija!
Ikusten gagoz geure errija
Etxe ta mendi
Mendijetako ainbeste ardi
Zelai ederrak
Eta erreka garden-gardenak,
Bijotza pozik jarten dabenak.

Baina bertso-jartzailerik baldin bada, kanpoan egotearen herriminari bertsoak jarri dizkiotenen artean, hori Pedro Mari Otaño (1857-1910) dugu. Erbestean bizitzearen gaiari ikuspegi horretatik heltzen dio bere hainbat bertso-sortetan (2. atala). "Zugandik urruti" delako bertso-sorta, goitik behera, 1899an argitaratua dugu horren adibide behinena.

4. Erbestea etxea ere bada

Baina dena ez da beti izaten kexa, intziri eta aienea. Zenbaitetan adierazpen positiboak, esker onekoak edo pozezkoak ere izaten dira. Inazio Arginarenak ez du kexatzeko arrazoirik erakusten; alderantziz, onartzen du bere ibilbidean, neurri batean zorteduna izan dela, egokitu zaion lurraldea edo herrialdea gogokoa duelako:

[...] Nere ustian Nazio ona
ein zaigu tokatu.
Nunai jendiak badira eta
ondo dirade portatu.
Kanbiatutzen ezpadirade
nik okin bizi naiz kontentu.

Zahartzaroan, haibeste lan egin eta gero, lasaitasunez bizi dela adierazten du, xehetasunak eta guzti:

> [...] Lenago asko ei[n] nuan bañan
> orain ordaintza ari naiz.

> Goizian jeiki oietik eta
> kanpora euzkia artzera,
> paseotxo bat ortxen eginda
> amabitan bazkaitera.
> Andre gaxuak zer bazkari daukan
> trankilo nua jartzera,
> kafetxon on bat lasai artuta
> berriz oie zanpatzera.[26]

Duela gutxi, Euskal Herrian batzuek hartu berri dute Euskal Diasporaren kontzientzia eta horrek ekarri du euskaldun haiekiko dugun zorra eta dugun erantzukizuna agertzea eta aitortzea. Bertsotan hori guztia adieraztea ere izan da zor hori kitatzen hasteko modu bat. Bankako Menditarrak (Banka, Nafarroa Beherea) delako taldekoak horren inguruko zenbait bertso-sorta aritzen dira abesten Europako Euskal Herrian ospatzen diren artzainen inguruko bestetan, tartean "Ameriketan bizia egin duten emazteentzat", Frantxo Juanikotena bankarrak paratua (13. atala). Sortaren laugarren bertsoa horren erakusgarri:

> Emigrazio historioan dugu
> aipatzen gizona,
> bainan guttitan entzuetn da
> bere biziko laguna.
> Artzain bakoitzak bere buruan
> desiratzen baizuena,
> ez zaiken izan denontzat segur,
> emakume euskalduna.

---

[26] Álvarez; Irigoyen 2007:119

Erbesteko bizitzan batzuetan aurkitzen da poztasun izpi bat. Hori gertatu zitzaion Pedro Mari Otañori bere Argentinako erbesteraldian. Panpa zabalean zuhaitz mota bat deskubritu zuen: onbua, arbola sendoa, bere jaiotetxeko intxaurra gogora ekartzen diona eta haren itzala eta babesa urrutiko lurralde horietan bere aberriaren gozotasuna eramaten diona.

5/ Nere lagunik maitatuena,
ombú laztana, zu zera,
argatik nator zure kolkora
ni malkuak isurtzera,
iduriturik naramazula
atariko intxaurpera ...
Beti izango zaitut goguan,
bañan joan nai det ostera
Euskal-lurreko arbolpe artan
nere ezurrak uztera.

Jean Pierre Goytino (1860-1920) ainhoarra pertsonaia garrantzitsua da XIX. mendearen hondarrean Euskal Diasporan. Euskara hutseko iraupen duin bat izan zuen aurreneko kazeta martxan jarri zuen (beste bi aurrekari izan ziren, baina oso ale gutxikoak)[27], *Californiako Eskual Herria*, hain zuzen, eta Ipar Ameriketako euskaldunen bizimoduak ezagutzeko (XIX. mendearen hondarrekoak betiera) ezinbesteko tresna bilakatu da. Han bizi ziren euskaldunek bazuten berriak igortzeko aukera eta batzuek bertso jarriak ere igorri zituzten argitaratuak izan zitezen. 1893ko lagina hartu dugu (4. atala) eta Jean Pierrek berak lantzean behin idazten zuen arren, bestelako "parte-hartzaile" batzuek ere bertsoak igorri eta argitaratu zituzten kazeta hartan. Hautxek dira kolaboratzaileok: "Laphurtar bat" ezienarekin sinatu zuen bat, Santa Barbara hiritik idazten zuena; "Cambo Basaburutar bat" ezizenarekin sinatu zuen beste bat; Leon Cortes, Mexikotik idazten zuena; "Navarrito" ezizenez sinatzen duen bat, San Diego hiritik;

---

[27] Arbelbide 2003:1-2

Cayetano Oxandabarartz, Mexikoko Fresnillo hiritik bertsoak igortzen zituena.

Jean Pierre Goytinok urtean zeharreko ospakizun erlijiosoen bueltan (Gabonak, Domu santuen eguna, abuztuko Ama Birjinaren jaia...) zenbait bertso idazten ditu, euskaraz urteko errutinak sentikortasunez blaitzeko asmoz edo.

5. Diasporako seme-alabak euren identitateari kantari

Sarritan Euskal Herritik kanpora egonda, euren kulturatik erauziak, lurralde berrian norberaren identitatearekiko gatazka edo kezka bat sortzen da. Harrera-lurraldea baloratu eta eskertu bai, baina norbera nondik datorren eta norberak zer nolako sustraiak dituen gogoan hartzeko unea izaten da orduan. Horregatik askotan Diasporako euskaldunek euren euskaldun izateari kantatu izan diote, atzerriko lurretan euren nortasunaren jabe izan eta ipar-orratz bat izateko mundu honetan.

Bestalde, Euskal Herrian izan direnek diasporako errealitateari beha kantatu eta bertsoak paratu izan dituzte, atzerrian bizi den euskaldungoa gogoan.

Ignazio Argiñarena nafarrak, adibidez, zahartzarora iritsita, zenbait gonbidapen jaso izan zituen Hego Ameriketako zenbait erakunde eta euskal etxeetatik ekitaldi batzuetan parte hartzeko. Horren kariaz, bertso-sortak ere paratu zituen eta haietan oso bizirik dago euskal nortasunari eusteko asmoa betiere hizkuntza agertuz nortasun horren ezaugarri behinena:

1.
Berso batzuek jartzeko
enkarguan ik artue.
Nola nagon gure errian
txapelkerian sartue.
Gure euskera galdu ez dedin
aspaldin dala sortue.
Espaiñik eta Frantziak ere
edade ori eztue.

3.
[...] Uruguaien gertatzen gera
gu bi anaiok aspaldin.
Bañan alare gure euskera
itz eiten degun berdin.

Mota honetako testigantzak asko dira Diasporako euskaldunen artean. Pedro Juan Etxamendy-k ere (Arnegi, 1914 – Kalifornia, 2002) bere lekukotza utzi zigun zentzu horretan. Horrela deskribatzen du Joxe Malleak: "Etxamendy'ren maitasun haundiak hauek ziren: Euskara, Euskal Herria, bertso/musikak, familia eta Jainkoa. Bertso paper egile porrokatua zen eta bertsoei bere musika jartzen zien" (Mallea 2002:27). Euskalduntasunarekin identifikazio horretan oso nahasirik izaten da kristautasuna, euskaldun sentitzeak fededun sentitzeak balekar legez. Euskal etxeen ospakizun askotan euskarazko meza izan ohi da eta horri balorazio biziki positiboa egiten diote zenbait bertsolarik:

Apez jaun hauek iten dauzkute zerbitzu arras beharrak,
Chino'ko Klubak ez ditzan galdu bere usaia xaharrak;
otoitz, kantu, prediku ta soinu alegerarik bazterrak,
horiek oro nahiz itzuli gure Jaunari eskerrak,
eta galdatuz gure xedeak ez diten izan alferrak.[28]

Juan Cruz Arrosagaray-k ere Chinoko euskal etxeak antolatutako ospakizunen bertso-jartzaile izan zen. Bertso-sortetan beste euskaldunekin egotearen alaitasuna eta euskarazko meza zein euskal apaiza izatearen poza adierazten du argi eta garbi:

3.-
Euskaldun meza miresgarria hasi bederatzietan,
Tenore gabe aunitzak beha ginauden Eliza bortan;
Gure artzaina jalgi zauku hor ederki apaindurikan,
Klikak lagunduz sartu Elizan musikaren errepikan.

---

[28] Etxamendy 2002:169

4.-
Meza guzia kantu ta otoitz Euskaraz garbi ginduen,
Gure mintzaira pratikatzia ohore da Euskaldunen;
Oraiko artzain honen parerik ez dugu ez izan hemen,
Bera kantari ederra eta artaldia're lagun zuen[29].

Pedro Juan Etxamendy-k bertso sorta batean gogoeta bat egiten du euskaldunen emigrazioaren inguruan. Harro agertzen da euskaldunen hedapenaren parte sentitzeaz; alegia, euskaldunak munduko leku askotara joan direla, moldatu direla eta ekimena dutela ikusteaz harro antzean agertzen da kontziente izanik bera dela "abentura" horretako partaide bat:

Eremu haundietan orai bagabiltza,
Ameriketako euskaldun arraza,
lehenikan jin zenak kus ahal balitza,
heier eskerrak orai bizi modu gaitza;
zonbat zen bortitza
orduko bizitza
batek kus baleza,
doloretan jar litzaioke bihotza.

Gure odol huntarik zainetan dutenak,
mundu guzian dabiltzan euskaldunak;
nahiz Euskal Herritan dauden gehienak,
beti lotzen batzuer joaiteko minak;
gure Jainko Jaunak
ez gaitu eginak
guziak berdinak;
bainan zeruan hartzen denen arimak[30].

[29] Arrosagaray 1983:170
[30] Etxamendy 2004:32

Pedro Mari Otañok ere baditu zenbait sorta euskarari berari eskainiak. Kanpoan egon izanak, egilearen ustez, eman izan dio perspektiba bat euskal nortasuna eta bere hizkuntza baloratzeko eta ideia hori bertsoz adierazten du:

2/ Euskalerritik irten da zerbait
mundu korritu dubenak,
ta batez ere Egoaldeko
Ameriketan dagoenak,
ikusten ditu konturatzeko
argibiderik onenak:
non-nai maitaro artutzen gaitu
ezagutzen gaitubenak

6/ Askotan uste izaten degu
gutxi geradela, baña
non argiratu da beste iñor
gure aurrekoak aña?
Ondo egiñak ekarritzen du
nekez bada ere ordaña,
Ameriketan goiturik dago
euskaldunen izengaña.

Ondorenean, Pedro Mari Otañok ipuin moduko bat kontatzen du bertsoz, non balizko euskaldun bat infernuko ateetara heltzen den eta han, euskaraz egiteagatik (biraorik gabeko hizkuntza bat), ez da onartua izango infernuan. Zeruan berriz bai, San Pedrok ongi etorria egiten dio euskaldunari eta zeruan euskara barra-barra egiten dela diotso, eta hor zain dituela lagun euskaldunak.

Pedro Mari Otañok istorio bitxi honekin erakusten du bere gaitasun narratiboa bertsoaren neurria erabilita modu harrigarri eta adierazkor batez.

6. Edizioaren inguruko oharrak

Irakurleak harritu egingo da agian testu honetan erakusten diren bertsoen grafia ikustean. Horrek merezi du azalpentxo bat. Antologia honetan ageri diren bertso-sortak jatorrizko argitalpenetan argitaratuak izan ziren moduko grafiarekin daude. Kasu gutxi batzuetan, bertso-sorten argitalpen berriago bat aukeratu dugu (Jose Maria Iparragirreren bertsoetan gertatzen da hori), hasierako argitalpeneko grafia gaur egungotik asko aldentzen delako. Horregatik, adibidez, gaur egungo euskara batuan darabilgun *h* hizkia "desagerturik" izango da hainbat hitzetan, hasieran (*au, an...* <hau, han) zein hitz barruan (*bijotz, bearko, nai* < bihotz, beharko, nahi). Hori Hegoaldeko egileen bertsoen kasuan. Iparraldeko jatorria duten egileek, aldiz, hitz hasierako *h* hizkia gaur egungo euskara batuaren antzera agertuko dute gehienetan (*hemen, horra, harat, hirur, herri...*) eta hitz barrukoa ere bai (*beharbada, behar, nahi...* e.a.); baina baita egungo euskara batuan existitzen ez diren kontsonante ostean ere (*aurthen, akhabatzen, lokhartu, urtheak...*) agertuko dute, eta antologian honetan dagoen dagoenean uztea erabaki dugu.

Bestalde, arestian bistan denez, bertso gehienak zenbaki batekin doaz. Bertso sorta horretan non dauden "kokatuta" adierazten digute eta jatorrizko argitalpenetan horrela ageri dira (modu desberdinetan bada ere; alegia, puntu baten aldamenean, marratxo batek deutsola edo barra zeiharra batekin) eta testu honetan hori errespetatu egin da.

Antologia hau proposamen bat da, agian ez egin zitekeen onena. Neure gain hartzen dut hemen dauden akatsen eta hutsuneen erantzukizuna. Eztabaidagai izan dadila beste antologia hobeak etor daitezen. Eskerrak eman nahi dizkiet lan hau egiten lagundu didatenei eta hona hemen haien zerrenda – ziurrenera, osatu gabea–: Mintzola Zentroko langileak, Laura Igantzi eta Pantxo Jaunikotena. Nire eskerrak, baita ere Xabier Irujori lan hau egitera animatu ninduelako.

Bibliografia

AGUIRRE, Juan (1999): "José María Iparragirre (1820-1881)" in *Euskonews*, 41. alea, http://www.euskonews.com/0041zbk/gaia4101es.html

ÁLVAREZ, Oscar; IRIGOYEN, Alberto (2007): *Isla Malako haritza. Ignazio Argiñarena Otsotorena bertsolariaren bizitza eta lanak (1909-1997)*. Labayru Ikastegia & Amorebieta-Etxanoko udala, Bilbao.

AMURIZA, Xabier (1997, lehenengo edizioa 1981ekoa): *Hiztegi Errimatua. Hitzaren Kirol Nazionala*. Bizkaiko Bertsozale Elkartea.

ARBELBIDE, Xipri (2003): *Jean Pierre Goytino (1860-1920)*. Eusko Jaurlaritzaren Argitalpen Zerbitzu Nagusia, "Bidegileak" bilduma, Vitoria-Gasteiz.

ARROSAGARAY, Juan Cruz (1983): *California-tik kantuz*. Auspoa Liburutegia, 163. zenbakia, Tolosa.

ARROSAGARAY, Juan Cruz: Bertsoen mediateka in http://www.fonoteka.com/en/collections/1123#.VlC1A17JJxU

BIZARDUNAK, "Amerika" abestia in https://www.youtube.com/watch?v=DeNk7Vw3plY

DE CASTRESANA, Luis (1971): *Vida y obra de Iparraguirre*. Editorial La Gran Enciclopedia Vasca, Bilbao.

ERREA, Joan (2016): *Aita deitzen zen gizona (A man called Aita)*. Pamiela, Iruñea.

ETCHAMENDY, Mañex (1972): *Manex Etchamendy bertsularia (1873-1960)*. Auspoa, 109-110 zenbakiak, Tolosa.

ETCHAMENDY, Mattin (2012): *Urruneko Mendebalean artzain*. Maiatz, Baiona.

ETXAMENDY, Pedro Juan (2004): *California'ko bertsolari eta musikari*. Auspoa, 288. zenbakia, Donostia.

EZKERRA, Estíbaliz (2011): "Las otras literaturas de los vascos" in http://www.basqueliterature.com/es/basque/historia/besteak

GARZIA, Joxerra (et al.) (2001): *Bat-bateko bertsolaritza. Gakoak eta azterbideak*. Bertsozale Elkartea, Bertsolari Liburuak bilduma, Andoain.

IRIGOYEN, Alberto (2003): "Ignacio Argiñarena Ochotorena" in http://www.euskomedia.org/aunamendi/6083

KORTAZAR, JON (2012): "José Manuel Etxeita" in *Auñamendi Eusko Entziklopedia*, http://www.euskomedia.org/aunamendi/ee36631

KORTAZAR, Jon (2013): "Bertsoak. Jose Mari Iparragirre" in *Auñamendi Eusko Entziklopedia*, http://www.euskomedia.org/aunamendi/ee154277

LAFFITE, Piarres (1972): *Mañex Etchamendy Bertsularia (1873-1960)*. Auspoa Liburutegia, 109-110 zenbakia, Tolosa.

MALLEA, Joxe (2003): *Shooting from the Lips. Bertsolariak Ipar Ameriketan/ Improvised Basque-Verse Singing*. North American Basque Organization, Nevada, Reno.

MALLEA, Joxe (2004): "Pedro Juan Etxamendy (1914-2002)", "Hitz Bi" in ETXAMENDY, Pedro Juan: *California'ko bertsolari eta musikari*. Auspoa, 288. zenbakia, Donostia, 7-30.

OTAÑO, Pedro María (1994): "Argentinako bertsoak" in *Bertso guztiak*. Auspoa Liburutegia, 218 zenbakia, Oiartzun, 173-279.

PAYA, Xabier (2013): *Ahozko euskal literaturaren antologia*. Etxepare Euskal Institutoa, Donostia.

RIO, David (2000): "Presencia de los vascos en la literatura norteamericana contemporánea" in http://www.euskonews.com/0091zbk/gaia9104es.html

SALABURU, Pello (2016): "Nevadako familia euskaldun baten historia" in ERREA, Joan: *Aita deitzen zen gizona (A man called Aita)*. Pamiela, Iruñea, 7-26.

USAC (2016): "University Students Abroad Consortium. USAC" in http://usac.unr.edu/usac

ZAVALA, Antonio (1968): *Paulo Yanzi ta bere lagunen bertsoak*. Auspoa Liburutegia, 77-78 zenbakiak, Donostia.

ZAVALA, Antonio (1984): *Ameriketako Bertsoak*. Auspoa Liburutegia, 176 zenbakia, Tolosa.

ZAVALA, Antonio (1996): "Pello Mari Otaño eta bere ingurua I eta II liburuaren aukezpena" in *Auspoaren auspoa.II (Itzaldiak / Conferencias)*. Auspoa Liburutegia, Donostia, 155-169.

ZAVALA, Antonio (2006): *Auspoaren auspoa IV (Itzaldiak / Conferencias)*. Auspoa Liburutegia, 300 zenbakia, Donostia.

1.atala
Jose Maria Iparragirre Balerdi (1820 – 1881)

Urretxun jaiotako olerkari, abeslari eta musikagile honek hainbat abesti konposatu zituen, tartean garai bateko ereserkia bilakatuko zen "Gernikako arbola", Iparragirre pertsonaia erromantiko bilakatuz (Aguirre 1999).

Konposatutako bertso-sorten artean haren erbesteraldiari erreferentzia egiten diotenak badira; esate baterako, "Agur Euskalerriari". Izan ere, 1958an, bere emaztea izango zenarekin, Angela Querejetarekin Ameriketara joan zen, Buenos Aires aldera. Argentinan eta Uruguay-en bizi izan ziren (Castresana 1971) harik eta 1877an Euskal Herrira itzuli zen arte, hango lagun batzuek egindako diru ekarpen bati esker, bidaia ordaintzeko.

Bertsoak dira, jakina, baina abestia ere bada. Izan ere, Iparragirreren lana aztertu dutenetako askok (Mitxelena, Lekuona, Kortazar, eta abar) bertsolari, olerkari eta abeslariaren arteko zerbait edo norbait dela aderazi izan dute.

AGUR EUSKALERRIARI

Gazte gaztetatikan
Erritik kanpora
Estranjeri aldean
Pasa det denpora;
Egiya alde guzietan
Toki onak badira
Baña biotzak dio
Zuaz Euskalerrira.

Lur maitea emen uztea
da negargarria.
Emen gelditzen dira
ama eta erria.
Urez noa ikustera
bai, mundu berria
oraintxen, bai, naizela
errukigarria.

Agur nere biotzeko
Amatxo maitea
Laister etorriko naiz
Konsola zaitean;
Jaungoikoak nai badu
Ni urez joatera
Ama zertarako da
Negar egitea.

AMERIKATIK URRETXUAKO SEMIEI

Billarreal de Urretxu
Nere erri maitea
Seme bat emen dezu
Amorioz betea.
Nai, baña nola ikusi
Au da lan tristea
Zuretzat nai det bizi
Urretxu nerea.

Bi milla eta seiregun
Legua badira,
Montebideotikan
Euskal errira
Naiz esperantzetan
Etorri bagera
Aurreratasun gabe
Urtiak juan dira.

Diasporako bertsoak

Bai, nere adiskideak
Bear da pensatu
Zuretzat Amerikak
Nola dan mudatu
Iñork emen eziñ du
Lanikan billatu
Oraiñ datorrenari
Bear zaio damutu.

Gañera izan degu
Emen ere gerra
Gure zori onean
Pakea egiñ da;
Bañan gerra ondoren
Dakar diktadura
On Lorenzo Latorre
Nagusi degula.

Ez, bada, ez etorri
Gaur lur onetara
Il edo bizi obe da
Juatea Habanara;
Au da gure bandera
Españaren onra
Txurrukaren semeak
Ara juango gera.

Agur adiskideak
Ikusi artean
Zuenganatuko naiz
Egunen batean.
Esperantzakin bizi
Nai det bitartean
Gero ezurrak utzi
Nere lur maitean.

EUSKALERRIA ETA AMERIKA

Gure Euskalerritik
Ameriketara
zenbait euskaldun gazte
pozez joaten dira
gurasoak utzita
ondasunen bila,
esanaz: ama, laister
etorriko gera.

Egin ama tristeak
damuzko negarra,
ontziak onuzkero
pasa zuen barra;
izkutatzen danean
agiri ez dala,
zeinek daki ai! zer dan
ama baten pena.

Ez pentsatu an danak
aberats dirala;
pobreak ni bezela
milaka badira;
ara dijoazenak
ondasunen bila
gutxi itzultzen dira
beren sorterrira.

Egia, emen ere
joan dan aspaldian
gauza onik ez degu
Euskalerrian;
oraindaino bezela
bagabiltza auzian
emen biziko gera
beti miserian.

Diasporako bertsoak

Nere adiskideak,
bear da pentsatu:
lujuak miseria
guztiz gertuan du.
Asi, bada, gaur bertan,
gona oiek moztu...
familian pakea
izango badegu.

Neskatzak diote: goazen
Ameriketara;
an guztiz apainduak
ibiliko gera...
Bada, gaixoak, joan zan
Jaujaren denbora,
an ere lan eginda
bizi bearko da.

Eman, adiskideak,
munduari buelta;
an baino lur oberik
inun ere ez da;
eta zerutxoren bat bilatu nai bada,
emen bertan ditugu
Donosti eta Deba.

Zuk, ere badakizu
bai Isabelita
Euskalerria dala
guztizko polita.
Emen asia zera
emen zure aita
lur au berak bezela
bear dezu maita.

2. atala
Pedro Mari Otaño (Zizurkil, 1857 – Rosario, 1910)

ARJENTINAKO BERTSOAK (1898 - 1910)

(1899)

ZUGANDIK URRUTI
Mendi gurtuak, urruti zaute,
ai, au pena aundi eta lotsa!
Ez dakit nola zuek utzita
etorri nintzan ni onontza.

Sagasti, gaztaiñ, aritz, batzarre
ta kanpai alaiaren otsa,
nola sendatu aldegitean
lertu zitzaidan, ai!, biotza?

Gaztea negon ta beregana
deitzen ziran itsasoak;
utzi nituen aita ta ama,
zartutako gurasoak.

Baserri txuri maitean biak
negarrez urtzen gaixoak,
geroztik beti aruntz begira
zabalik dauzkat besoak.

Aita, amatxo ta lur maitea
utzirik urruti junak;
zertako ditut ugaritasun
eta aberastasunak?

Zertako ditut pozik gabeko
gezurrezko ontasunak?
Egarririkan illtzen ez duten
gurutzeko beazunak.

Zu utzitzean, nere biotza
egin zitzaidan bi parti;
geroztik non-nai arkitutzen naiz
doakabe ta bakarti.

Esna ta lotan, gau eta egun,
zutzaz oroitutzen beti;
Ama, barkatu! *(bis)*
Ni eziñ neike bizi
zugandik urruti.[31]

(1900)

AITA-SEMEAK

1/ Lagundurikan denoi
gugatik ill zanak,
seme, azi zaitugu
aitak eta amak,
beti zure gidari
izandu geranak.
Oraiñ gurutze onen
oñean esanak,
ondo goguan artu
biaituzu danak.

---

[31] Otaño 1994:176-177

Diasporako bertsoak

2/ Zu Ameriketara
joatia emendik,
Jaunak ala nai badu,
zer egingo det nik?
An ez dezu izango
aitik eta amik;
baña etzera galduko
noranaira joanik,
ez bazaizu aztutzen
gaur emen esanik.

3/ Gorde zazu buruan
eta biyotzean
aitak zer esan zizun
onuntz laguntzean,
bitarteko arturik
Jesus gurutzean:
Jaungoikua t'ait'amak
batek aztutzean,
ez leike ondo izan
denbora luzean.

4/ Ez nizuke utziko
joaten, egiyetan,
gure erlijiyua
ez balitz an bertan.
Iritxiko baziña
aiñ urrutiyetan,
erri ta eleizarik
ez dan tokiyetan,
oroi zaitez Jainkoaz
leku guztiyetan.

5/ Seme, izan goguan
zere gurasuak,
eta uzten dituzun
senide gozuak;
jaio ziñan tokiko
mendi ta basuak,
euskerazko otoitzak
edo errezuak,
erakutsiyak zure
amatxo gaixuak.

6/ Iritxi da orduba
juan bear dezuna,
badakizu ait' amak
emen dauzkatzuna;
ez dezazula aztu
gaur neri entzuna,
itz baterako au da
eskatzen zaizuna:
izan zaitez non-nai ta
beti euskalduna.[32]

(1900)

AMERIKAKO PANPETAN

1/ Euskal-Erriko lur maite artan
jaio nintzan baserriyan,
itzal aundiko intxaur arbol bat
dago gure atariyan;
aren ondotik irten da noiznai
maldako gaztañariyan,
edo sagarrik onenak jaten
luberriko sagastiyan,
arbol tartian bizitu nintzan
gazte denbora guztiyan.[33]

---

[32] *Pehuajó, 2 de Enero 1900*. Otaño 1994:186-188

Diasporako bertsoak

2/ Denak utzi ta etorri nintzan,
lur au ikusi nai nuan!
Aritz tantaiak, pago lerdenak
nola ez izan goguan!
Oraiñ artzantzan Ameriketan
arrantxo baten onduan,
eguna pasa larrian eta
jiratzen naizen orduan,
nere begiyak gozatzen dira
aldameneko *ombú'* an.

3/ Ainbesteraño tristetutzen naiz
eremu zabal oietan,
arbolak, mendi eta errekak
falta diran zelaietan,
non etorri ta eseritzean
ombú tzar onen zañetan,
edo igo ta osto tartian
bere adar bikañetan,
ene, amatxo!, nik nola esan
zenbat gozatutzen detan!

4/ Txabol ondoko *ombú* laztana,
maitatzen zaitut gogotik,
eta biyotza erdibitzen zait
joatian zure ondotik,
nere burura ekartzen dezun
oroimen gozuagatik.
Zure itxura ikusi nai det,
ez dizut eskatzen frutik,
ni emen bizi naizen artian,
arre, egon zaite zutik!

---

[33] Otaño 1994:193

5/ Nere lagunik maitatuena,
ombú laztana, zu zera,
argatik nator zure kolkora
ni malkuak isurtzera,
iduriturik naramazula
atariko intxaurpera ...
Beti izango zaitut goguan,
bañan joan nai det ostera
Euskal-lurreko arbolpe artan
nere ezurrak uztera.

(1906)

GU TA GUK

1/ Noiz izandu zan, nun eta nola
euskaldunen asiera?
Nondikan dator gure izkuntza,
noiztik gure izaera?
Ipuñak dio *Fenix* bat zala
eta beti *Fenix* bera,
egazti ortan, o euskaldunak,
gu bakarrik bizi gera.

2/ Euskalerritik irten da zerbait
mundu korritu dubenak,
ta batez ere Egoaldeko
Ameriketan dagoenak,
ikusten ditu konturatzeko
argibiderik onenak:
non-nai maitaro artutzen gaitu
ezagutzen gaitubenak.[34]

---

[34] Honelaxe dio Antonio Zabalak: "Azalkaia. (Otañoren oarra)"

3/ Urte asko da, baña etzait aztu,
beti datorkit gogora,
nola joan nintzan beiñ *motz* batekiñ
Montevideon kanpora;
etxe batean eraman zuten
Motza[35] sukalde-txokora,
ta ni maiera deitu ninduten
nagusiaren ondora.

4/ Erriko-seme beltzeran bat zan
nagusiya, ortarako,
ta ez ginduzen ezagututzen
len izan ez giñalako.
Zergatik bada bereizte ori:
bestea txarra zalako?
Ez; aiñ ondo ni artu ninduten
euskalduna nintzalako.

5/ Amerikatar ume batekiñ
nonbait arkitutzen banaiz,
badet oitura galdetutzeko:
«Aizak, mutill, nungotarra aiz?».
Pozez beterik entzun izan det
leku askotan eta maiz:
«Ni kriolloa, jauna; gañera
euskaldunen semea naiz».

6/ Askotan uste izaten degu
gutxi geradela, baña
non argiratu da beste iñor
gure aurrekoak aña?
Ondo egiñak ekarritzen du
nekez bada ere ordaña,
Ameriketan goiturik dago
euskaldunen izengaña.

---

[35] Honelaxe dio Antonio Zabalak: "Mote que se da al que no habla vascuence. (Id.)"

7/ Ala jauregi goitienetan
nola baztarreko bordan,
naiz etxerikan apañenean
edo mendiko txabolan,
itsasoetan da leorrean,
ondo ta gaizki-denboran,
berez euskaldun garbia danak
ez daki ukatzen nor dan.

8/ Ez da euskera beziñ izkuntza
maitagarririk munduban,
jakiña dago deabru zarrak
nola ikasi etzuban.
Aiñ da santuba, eziñ mintzatu
dezakete infernuban,
orregatikan denak euskeraz
kantatzen dute zeruban.

9/ Alperrikako lana irten zan
deabruaren jarduntza,
eziñ eraman izandu zuben
euskerarikan aruntza;
infernuetan ez leike sartu
birau bageko izkuntza,
mantxa gabea dalako dauka
Jaungoikoaren laguntza.

10/ Beiñ infernuko ateondoan
-berak etzekiela non-,
oroitutzen naiz euskaldun bati
zer egokitu zitzaion:
ango atezai adardunari
diasola egin ziyon,
esanaz: «Eup! —Ni nun ote nabill?
Jainkuak dizula gabon».

Diasporako bertsoak

11/ Ori entzunik, ango atezai
muturzikiñ itsusiyak
galdetu zuben: «Zer esan nai du
gizon orren erausiyak?».
Ta lagun batek erantzun zion:
«Jakingo du nagusiyak,
zergatik berak ezagututzen
ditu izkuntza guziyak».

12/ Iñork deitzeko premirik gabe
an agertu zan *Luzifer,*
ta txit aserrez galdetu zuben:
«Zer gertatzen da emen, zer?
Ez al dizutet lenago esan,
gutxienaz milla bider,
nik ez detala euskaldunakiñ
sekulan jakiñ nai ezer?».

13/ Suzko sarde bat atezaiari
sartu ziyon bizkarretik,
ta bota zuben kiskaltzen zegon
tximini-zulo batetik.
«Iñor geiago etortzen bada
—zion— jaun orren lurretik,
nik ikusiko detan baño len
bial zazute aurretik».

14/ Bi adarrakiñ purrustadan jo
ta itxi zuben atia,
esanaz gure erritarrari:
«Ortik urrundu zaitia».
Sarde zorrotza dardaratubaz,
Luzifer, lotsaz betia,
joan zan barrena, purrakatzera
bere mendeko jendia.

15/ Gure anaiak zion beregan:
«Emen gauz onik ez dabill:
au infernuba izan bear du,
surtan eiten dute murgill!
Baña neroni iruditzen zait
oraindik ez naizela ill...
Eziñ antzeman diot iñola,
ametsetan ote nabill?».

16/ Ontan asi zan egaan igotzen
berak jakiñ gabe nora,
tximista baño aguroago
zijoan gora ta gora;
etzuben neurtu bere joaneran
igaro zuben denbora,
goiko lagunak eraman zuten
zeruko atalondora.

17/ Bizarzuridun gizon eder bat
eserita zizelluban[36],
begiratuba txit barrenkoia,
urrezko giltzak eskuban,
arrigarrizko ate izartsu
baten aurrian zeguan,
ta euskaldunak igerri zion
iritxi zala zeruban.

18/ Jaun aundi ura San Pedro zala
bereala ezaguturik,
biotzak salto egiten zion
iñon eziñ gelditurik;
infernuetan egondu zanak,
beldur gabe zutiturik,
«Jaungoikoak diola egun on»
esan zuben makurturik.

---

[36] Zavalaren oharra: "Escaño"

Diasporako bertsoak

19/ San Pedro jauna begiratubaz
maitati eta gozatsu,
erantzun zion: «Oraiñ betiko
egiñ zerade doatsu.
Guazen barrena, o euskalduna,
atoz, eskuba ekatzu;
emen euskeraz itzegiten da
ta lagunak zai dauzkatzu».

20/ Ez da izkuntzik mintzatutzeko,
sartu zanean barrena,
gutarrak zeukan zoriontasun,
pozkida ta gozamena;
alaitasun da eztitasuna,
doatsunde garaiena,
au izandu zan lendabiziko
berak sentitu zubena.

21/ Belaunikatuz, Jaungoikoari
eskerrak eman onduan,
ikusi zuben nola millakak
arrigarrizko doñuban,
Gernikakoa irudi duben
aritz baten inguruban,
kantatzen zuten gure izkuntzan,
ara zer aditu zuban:

22/ «Gernikako arbolak
zeruban du aita,
onek bialdu zigun
guri ondo naita;
biyak bear ditugu
biotzetik maita,
euskera ez da galduko
zerutarra baita».[37]

---

[37] Otaño 1994:258-263

3. atala
Jose Manuel Etxeita (1842-1915, *Jaioterri maitia*, 1910)

José Manuel Etxeita Luzarraga Mundakan jaio zen 1842an. Marinako kapitaina izatera heldu zen (txo izan ostean), eta Nautika ikasketak egin zituen Bilbon. Zenbait kopainietan ibili eta itsasontziz munduko hainbat portuetara joan ostean, Manilan (Filipinak) bizi izan zen 17 urtez, kargu handiak izanik (tartean, Manilako alkatetza). 1900ean Mundakara itzuli zen eta orduantxe, besteak beste, literatura idazteari ekin zion. Bi eleberri argitaratu zituen: *Josetxo* (1909) eta *Jayoterri Maittia* (1910). Poesia ere idatzi zuen, eta argitaratu ere bai: *Au, ori ta bestia* (1913) poesia liburua testigu. Hemen ageri diren bertso-sortak *Jayoterri Maittia* liburutik hartuta daude. Istorio horretan artzain giroa dugu nagusi hasieran, baina gero emigrazioaren gaia ere agertuko da (Kortazar 2012). "Etorrerako agurrak" delako bertsoetan, Sabas eta Jule, Mexikon ibilitako senar-emazteak dira (Sabas artzain eta Jule erizain) eta Euskal Herrira itzultzean zorion agurrak botatzen dizkiete euren aurtzaroko bazterrei eta herrikideei, Euskal Herri tradizionalaren gorazarrea eginez. Elkar nola ezagutu zuten ere kontatzen dute bertsoen bidez.

XVI. kapitulua
Sabas ta emaztia jaioterrira

Etorrerako agurrak
Sabas ta Jule
Agur Ardibasoko
Etxe ta mendijak
Geure bijotzetako
Atsegingarrijak.
Ondo argi daukaguz
Gaur geure begijak
Ikusten gaztetako
Zokondo guztijak.

Bijak
Bijotz samurtubakaz
Agur erritarrak
Agur jaioterriko
Baserri ederrak.
Pozagaz darijoguz
Gogotsu negarrak
Agur bijotzetako
Guraso laztanak.

Artzañak
Agur zeuberi bere
Erritar maitiak
Etxatzubezan aztu
Etxera bidiak.
Agur ba etorreran
Bertoko semiak
Pozez beterik gaukaz
Zeubek ikustiak

Sabas
Neure bijotz illagaz
Gorputza ikara
Juan nintzan itzal-itzal
Amerikatara.
Naibage mingarrijak
Zerbait ibiltzera
Neure erri maitetik
Ninduben atera.

Bijak
Bijotz samurtubakaz...

Artzañak
Agur zeuberi bere...

Diasporako bertsoak

Sabas
Guztiz adu onian
Nintzan an geratu
Irabazbide ona
Ein jatan agertu.
Tolosa etxaguntzan
Ninduben ni artu
Langillen agintari
An neban jarraitu.

Bijak
Bijotz samurtubakaz...

Artzañak
Agur zeuberi bere...

Sabas
Gexorik nenguala
Osategi baten
Neska bat nire gelan
Jarri zan ni zaintzen.
Nire begi itzalak
Zer eben ikusten?
Neure Jule laztana
Ardurak artuten!

Bijak
Bijotz samurtubakaz...

Artzañak
Agur zeuberi bere...

Sabas
Ai nor dakust nik emen!
Esan nebanian
Artega pozen pozaz
Jarri nintzanian;
Berak itandu eustan

[53]

Errukor antzian
Ezer gertaten jatan
Neure gorputzian.

Bijak
Bijotz samurtubakaz...

Artzañak
Agur zeuberi bere...

Sabas
Gorputzian ezeze
Baita bijotzian
Ai zein atsegintsuba
Gexo minberian;
Emen agertutia
Begijen aurrian
Neure Jule laztana
Gexozain lanian!

Bijak
Bijotz samurtubakaz...

Artzañak
Agur zeuberi bere...

Jule
Nor zara zeu, gizona,
Nungo euskalduna
Bijotz samur orregaz
Ni maite nozuna?
Autortu dazu zer dan
Gertaten jatzuna,
Ni sendatzera nator
Zeure osasuna.

Bijak
Bijotz samurtubakaz...

Diasporako bertsoak

Artzañak
Agur zeuberi bere...

Sabas
Enozu ezagutzen
Ai Jule kutuna!
Ezin ziñeike neurtu
Nire poztasuna
Esango deutsut gogoz
Jakin nai dozuna
Naz Goiketxeko Sabas
Ardizain laguna!

Bijak
Bijotz samurtubakaz...

Artzañak
Agur zeuberi bere...

Jule
Neure Jaungoiko laztan
Jaun maitagarrija
Au da arrigarrizko
Zeure mirarija!
Ai Goiketxeko Sabas
Errukigarrija
Jaunak egin daizula
Sendatu bizija!

Bijak
Bijotz samurtubakaz...

Artzañak
Agur zeuberi bere...

Sabas
Poztasun andijagaz
Ni osatu nintzan

Jule neure laztanai
Bizija zor neutsan.
Len maitetasunagaz
Kutuntxuba bazan
Orain esker guztijak
Beretzat neukazan.

Bijak
Bijotz samurtubakaz...

Artzañak
Agur zeuberi bere...

Bijak
Gurasuen baimenaz
Ta lege onian
Alkarri laguntzeko
Ezkondu giñian.
Jarraitzeko gogotsu
Beti onbidian
Bizi au igaroten
Maite ta bakian.

Bijak
Bijotz samurtubakaz...

Artzañak
Agur zeuberi bere...

Bijak
Agur asaben toki
Ta jaioterrija
Orain betetu dogu
Geure gurarija.
Lausuak aldenduta
Jatorku argija
Agur geure baserri
Goguangarrija.

Diasporako bertsoak

Bijak
Bijotz samurtubakaz...

Artzañak
Agur zeuberi bere...

— — — —

XIX. kapitulua

Olan juazala beinbatian, apalostian illundu zanian Tomas, Agaton eta euren emaztiak, ontzijaren aurre aldeko gaztelu ganian, iarduben gogaldi onaz, Tomasek asmauriko kopla batzuk abesauten.

Ona emen kopla orrek:

Ai neure bijotzeko kutuna!
Ai jaioterrija!
Urrunago ta laztanago dan
Ai maitagarrija!
Geure aitamak sortu genduzan
Ai euskal-tokija!
Zugaitik beti emongo geunke
Guk geure bizija.

Bultza ta bultza aize ongille
Atsegingarrija
Bultza ta bultza igaroteko
Itxaso guztija.
Aize-oialak, aizez beteta
Aurrera ontzija!
Ikusi daigun alik-ariñen
Geure baserrija.

— — — —

XX. kapitulua

London-tik Bilbora, ta etxera

Abesauten ebezan, lenagoko eurak asmauriko koplak; eta ganera,
Agatonek oraintsu asmauriko urrengo dagozanak:

Jaioterrija

Agur Ardibasoko ardi-tokija
Geure bijotzetako zoragarrija,
Zeugandu gara
Erririk laztanena zeu zara
Lurbironetan,
Beti zagoz gure bijotzetan
Maitagarrija
Amesetako jaioterrija
Asabaren gomutagarrija.

Urrun ibilli arren geure lanetan
Euskalerrija geunkan guk bijotzetan,
Zein pozgarrija!
Ikusten gagoz geure errija
Etxe ta mendi
Mendijetako ainbeste ardi
Zelai ederrak
Eta erreka garden-gardenak,
Bijotza pozik jarten dabenak.

Agur Tontormotx eta beste mendijak,
Zeuben begira dagoz gure begijak,
Asaberrijan
Gomuta izan dogun tokijan
Atsegingarri
Ardijak dakuskuzlb ain ugari
Zein gogargija!
Zorijoneko jaioterrija
Zeuretzat dogu geure bizija.

4. atala
Californiako Eskual Herrian agerturikoak.

(Los Angeles, 1893ko abuztuaren 5ean argitaratua, *Californiako Eskual Herria,* 4. zenbakia, 2. orrialdea)

Herriko eta Inguetako Berriak
Welcome!
Pro patria semper

Agur! Paper ederra! Oh, ESKUAL HERRIA!
Agur! gure lurreko aingueru berria
Mandatari leiala, yaunaz igorria
Desiatzen zaitugu ongui ethorria!

California-k egun zaitu ezagutu
Ezagutu orduko osoki maitatu
Gure artean zer bethicotz finkatu;
Zu hemen ikhusteaz gare loriatu.

Ameriketan ere bethi Eskualdunak
Beren mintzo eztiaz dire arthadunak
Berriketari ona! zure konseiluak
Izanen dire oro gutaz seguituak.

Ohore, laudorio ESKUAL-HERRIA-ri
Zerukozko bakea Eskualdun onari
Ba! irakhuts dezagun mundi guziari
Bethi fidel garela gure mintzoari.

LAPHURTAR BAT
Santa Barbara, Uztailaren 15a 1893a

(Los Angeles, 1893ko abuztuaren 12an argitaratua, *Californiako Eskual Herria*, 5. zenbakia, 2. orrialdea)

Kristobal Kolon Amerikaren aitari!

Eskuinean mendiak, ezker itsasua,
Arroka bat oinetan, gainean zerua,
Kolon! zuri Eskuaraz kantatzera noa.
Othoi argui nezazu, ene Yaugoikoa!

Herriz-herri zabilan, bihotza galdua
Yakinsunez "choroa" denetan deitua
Eta zuri zor dugu, o guizon handia!
America guzia, mundu bat berria.

O zer edertasuna eta zer gloria!
Agur urrunetikan, agur, Espainia!
Orai bazaude ere naygabez asea
Zure fama zaharra da paregabea.

Ongui merechi dugu, Nazio noblea,
Munduko herri orok, agur eguitea.
Ez izanikan ere lehengo dirua
Ohorez bizi zare ingurikatua.

Entzuten dudalarik bagaren orrua,
Edo mendietako aizeen chistua,
Orhoitzen naiz, Kolon, Elizak diola
Eskualdun sainduekin, Zeruan zaudela.

J.P. GOYTINO
Isla Santa Catalina, Aboztuaren 5a. 1893a

Diasporako bertsoak

(Los Angeles, 1893ko abuztuaren 19an argitaratua, *Californiako Eskual Herria,* 6. zenbakia, 1. orrialdea)

Andredena Maria
Aboztukoari.

Regina Angelorum!

Norat zoazi, o Biryuna!
Gu utzirikan?
Izar ederrez, zure soina
Aphaindurikan?
Et'Aingueruez, Zeruz barna
Goraturikan?

***

Badakigu, Ama ona!
Norat igan zan!
Lagun gaitzazu, Erreguina!
Zerutarikan.

J.P. GOYTINO
Los Angeles, Aboztuaren 15an

— — — — — — — — — — — —

(Los Angeles, 1893ko irailaren 2an argitaratua, *Californiako Eskual Herria,* 8. zenbakia, 2. orrialdea)

Mexikotik, Cambo Basaburutarrat (< Basaburutar bat) izeneko batek bidalia. Data ere jartzen du: "Mexicon, Agorrilaren 26a, 1893a" (1893ko abuztuaren 26a, alegia)
Hona hemen testua osorik:

"Yaun maitea:
Igortzen daitzut bi hitz eskuaraz eta hirur bertsu (hola deitzia merechi badute.)
Orhoitu niz herri huntan erraiten duten egi handi huntaz: *De médico, poeta y loco, todos tenemos un poco*, eta menturatu niz ni ere hauen egitera.

Ene herritarreri nahi dut aiphatu
Eskual herriaz behar girela orhoitu
Gu lekhu eder hortan girelakotz sortu
Guziek behar dugu bihotzez maithatu.

Herri ederra eta yendeak sainduak
Haren parerik ez du bertze bat munduak
Contserba dezagula bethikoz Yincoak
Urusak izan giten Eskualdun guziak.

Hogoi'ta hirur urthe dut handik yalirik
Aita, ama gaichoak etchian utzirik
Hemen ari zahartzen, ezin bil dirurik
Gisa huntan ez nago harat itzulirik."

Buruilaren edo irailaren 2an argitaratutako 8. zenbakian, 2. orrialdean.

———————————————

(Los Angeles, 1893ko irailaren 9an argitaratua, *Californiako Eskual Herria*, 9. zenbakia, 2. orrialdea)

Mexico-ko Letra
Ene yaun maitia:
Duela zonbeit egun igorri dautzut hirur bertsu tchar eta orai igortzen dautzut bertze biga heyen segidakoak.

Nahiz ez duten deus balio batzuek ez bertzek, igortzen ditut halarik ere, zeren baitakit ontsa errezibituko ditutzula ikhusisz ene borondate ona.

Nahiz hemen ez naizen urrikalgarria
Maitiago dut ene Camboko herria
Eta partikulazki Etchebeheria
Zeren hura delakotz ene sor etchia.

Gostu izan dezagun lanian artzeko
Ez baikira hunat yin alfer egoiteko
Giten beraz lanian sos irabazteko
Gure herri maiterat laster itzultzeko.

Hemen uzten zaitut bertze aldi artio.

Zure zerbitzari,
LEON CORTES
MEXICON, Buruilaren 3an, 1893an.

‒ ‒ ‒ ‒ ‒ ‒ ‒ ‒ ‒ ‒ ‒ ‒

(Los Angeles, 1893ko irailaren 30ean argitaratua, *Californiako Eskual Herria*, 12. zenbakia, 2. orrialdea)

> Mexico-ko Letra
> Mexicon, Burularen 22an, 1893an.
> Ene yaun maitia:
> Hilabethe hunen 15an igorri dautzut letra bat, pentsatzen dut errezibitu duzula bere demboran.
> Hemen gure presidentaren eta erresumaren phestak ontsa pasatu dira. *Harrabots anhitz eta intzaur guti* españolez erraten den bezala. Izan tugu beraz phesta ederrak eta lekhu guzietarik yin dira yendeak gure Kapitalaren ikhustera, zeren erran behar dantzut, hemengo yendiak ardiak bezala dira, bat yaiten den lekhura yuan behar dira guziak, (erran nahi dut yende aphalena.)

Hemen gustatzen zaiote ere *pulque* deitzen den herriko arno churiaren edatia soberachko, eta hemengo berriketarien arabaera hialbethe hunen 16an ereman dituzte presundeirat lau mila (4,000) presuna mozkor arrailak, han pasatzeko phesta hundarra.

Batzu ez dira kontent egitia egun bat phesta eta hasten dira besperatik finitzeko bi, hiru edo lau egunen buruan, hemen usaia den bezala.

Hemen ez da deus berriagorik kontribuzioniak baizik; Mr. Limantour dugu bizkarraren gainian bere lege berriekin gure diruaren athearezteko. Hau ere aitaren semia da *naski*.

Ez dut nahi gehiago mintzatu gure afera tzarrez, zeren hor ere badituzue naski hautarik aski. Igortzen daitzut zonbeit phertsu zeren nahi dut California'ko Eskualdun andana horri eman exemplua egin dezaten hoiek ere zombeit, baitakite nik baino hobeki. Nik ahantzia ere dut eskuara puska bat zeren egon niz anhitz urthe mintzatu eta aditu ere gabe. Hortako barkhatuko dautate denek ene phertsu gaizki eginak.

California'n bada eskualduna franko
Mexico huntan baino anhitz gehiago
Lekhua ona dela dudarik ez dago
Zeren harat yuaitia duten nahiago.

Batzu hirian eta bertzeak mendian
Guziak ari dira onheski lanian
Yinkoak eginen tu aberats agian
Urusak izan diten beren zahartzian.

Desiratzen dautzuet herritar maitiak
Osasun on bat eta gozapen guziak
Ontsa alcha zazue sos irabaziak
Zahartzian baitira gaichto miseriak.

Conselluak ez dira sekulan sobera
Ez eta ere aski ene arabera
Nik galdu izan baitut gaztian dembora
Ez naiz itzuli ahal oraino Cambora.

Cambon sorthua eta Mexicon naiz bizi
Ene gazte demboran ez dut irabazi
Herrirat itzultzeko dirurikan aski
Ez dut eginen ere gehiago naski.

Hemen uzten zaitut, ene yaun maitea, bertze aldi artia.

Zure zerbitzari

LEON CORTÉS

‒ ‒ ‒ ‒ ‒ ‒ ‒ ‒ ‒ ‒ ‒ ‒

(Los Angeles, 1893ko urriaren 21ean argitaratua, *Californiako Eskual Herria,* 15. zenbakia, 1. orrialdea)

Gure Berrian
(León Costes Yaunari!)
Goanden larumbateko "Eskual Herriak"
Eginarazi daizku zombeiti irriak
Zeren ahartan baitziren bortz bertsu berriak
Mexico-ko yaun batek guri igorriak.

Zu Mexico guzian, ni Californian,
Hogoitza zombeit urthez haigre lanian,
Bakhotcha bere ustez, manera onian,
Zer gerthatuko zauku guri azkenian?

Urtheak badoazi, gure ere haiekin!
Mintza giten zuhurki beraz elgarrekin!
Gure modu ederrak, nahi tutzu yakin?
Erranen derauzkitzut hirur bertsuekin!

[65]

Gure negozioak, oraiko aldian
Debruak yoan behartu zalaphart airian.
Dirudunak goazi bankarroterian
Eta ardi frangochko bada inkantian.

Oraino bertze zerbeit ere erreandaike:
Ilea ezin salduz, ardiak hain merke
Handik eta hemendik, guziak embarke
Laster beharko dugu abiatu eske.

Bihi kaste guziak, bazka eta fruitu,
Beharden baliorik oino seurik eztu.
Erosdun gehienak, ehun mila yestu,
Ai! Aurthen ez dakit zer beharden pasatu!

Huntan akhabatzen dut, Mr. Léon Costes
Etzaitut ofentsatu, beden ene ustez.
Eskerrak, goraintziak herriaren phartez,
Eta igor berriak, ardurachko kartez.

NAVARRITO
San Diego, Urriaren 12a, 1893a

— — — — — — — — — — — —

LIB. 2

(Los Angeles, LIB. 2, 1893ko azaroaren 11an argitaratua,
Californiako Eskual Herria, 2. zenbakia, 4. orrialdea)

Eskual-Herria

Eskual-herri maiteak urrun dira kausitzen
Hemendik ez baitira ikustera uzten
Ai! hirur mila lekua ez aise egitea
Egiten lotsatzen
Eta oraino aurthen ez harat itzultzen.

Aspaldi handik yinak hazka eta gazterik
Eta promesa frango heieri emanik
Itzuliko ginela fermuki erranik
Erranik damurik
Laster harat yuaiteko fortuna eginik.

Hek han gure begira arras berantetsiak
Hea itzultzen giren zilharrez bethiak
Trompatu izan gaitu aurthengo urthiak
Urthiak guziak
Ikusiko baitugu zer dion bertziak.

Hola yohan urthiak adinak ere heiekin
Bethi arranguratzen gure malurekin
Ahanzten zembat aldiz arno on harekin
Harekin norekin
Hunek ere igortzen biharamunekin.

Huna biharamuna bezperaren ondotik
Ai; zer trempu tcharra ezin yaik ohetik
Lanian hari behar eta min burutik
Burutik erditik
Horra zer atheratzen gure gauherditik.

Eskual herri maitea othoi guri barkhatu
Zuri eman promesa ez dugu komplitu
Nahi gabez segurki gu izan trompatu
Trompatu lokhartu
Bethi amets egiten dembora yuan zauku.

Zertarako beraz orran ez giren itzuliko
Biharko beharbada bertzenaz etziko
Non oraiko aldian naski ez utziko
Utziko yuaiteko
Guziak elgarrekin eliza pestako.

Pestetako ezbada hor gira "Eguberriko"
Gisa hortan ez beldur gaizki geldituko
Eskual herri maitea ez samur hortako
Hortako huntako
Galdatuz bigaz uri baten eskaintzeko.

Zu zire ama ona zure haur guzientzat
Yasaiten zuk guziak izanez heientzat
Begiak asko aldiz bustitzen guretzat
Guretzat semientzat
Gaichoa zuk barkhatuz zenbat musurentzat

Sekulan zure semez hortako ahantzia
Ez dezazula pentsa oi ama maitia
Hala beharra eta hau gure zorthia
Zorthia trichtia
Den gure nahikundez nola gerthatia.

Adio erraiten ama zuri aldi huntako
Gure pentsamendua dena zuretako
Ezperantza ez galtzen oraino yuaiteko
Yuaiteko orduko
Zure besarkatzeko helduden neguko.

Barkhamendu galdatzen eskualdun guzieri
Kantu hauk eman baitut erranez nehori
Batzuek Bachenabar bertziak Laphurdi
Laphurdi ai-xuri
Zeren chubero hori manechak ez nahi.

C. OXANDABARATZ
Fresnillon[38], Urrian, 1893an.

— — — — — — — — — — — — —

---

[38] Zacatecas estaduan, Mexikon.

Diasporako bertsoak

(Los Angeles, LIB. 2, 1893ko azaroaren 23ean argitaratua,
Californiako Eskual Herria, 4. zenbakia, 2. orrialdea)

GURE LORE BASAK
Yaun G. Adema kanonyeari!

Baserriko lore basez
Aiphatzen denian
Pilpil bat senditzen dut
Ene bihotzean.
. . . .
Gaur, bihar edo etzi
Hiltzen naizenian
Maite nauenik bada
Gelditzen lurrian
. . . .
Yar dezala lore bat
Han... ene hobian!

J. P. Goytino. Los Angeles, Hazilaren 2a, 1893

— — — — — — — — — — — — —

(Los Angeles, LIB. 2, 1893ko abenduaren 9an argitaratua,
Californiako Eskual Herria, 6. zenbakia, 4. orrialdea)

BIBA ARNO ONA!
Khantu eder hauk zor ditugu Mr. Cayetano Oxandabaratz,
Fresnillon (Mexikon) bizi den Yaun herritar bati. Gure
esker hoberenak itzultzen diozkigu izan duen ikhustatze
horrentzat.

Gorthe egin diot blondaño bati
Eztakit izanen dudanetz
Bai izanen dut gostarik ere
Edan dezagun arnoa berriz ere
Biba, biba arno ona eta amodio
Gauak eta egunak diraino.

Nahi duna yin, hi haur ederra
Prometatzen ene baratzera
Bilduren baititugu ensaladiak
Artitchotak eta bipher ferdiak
Biba, biba arno ona eta amodio
Gauak eta egunak diraino.

Ni ez yuanen, lekhu hartara
Beldur sartzea zure baratzera
Nik ezdut maite ferde yatera
Artitchoten ere eskuan hartzera
Biba, biba zu libertatia
Bipher ferdiak lanyeros dira.

Hik ez maite pibher ferdiak
Bilduren beraz biek marhobiak
Orthuak ditun arras gorriak
Altzua betheko egonen yarriak
Biba, biba arno ona eta amodio
Gauak eta egunak diraino.

Nik egun daino yan marhobiak
Zeren baitira sobera eztiak
Heiek thonatzen altzo guziak
Bai eta ere dantal churiak
Biba, biba zu libertatia
Bai eta ene dantal churia.

Izar ederra athoi baratzera
Izanen baita gu bien plazera
Nik utziko hut han hautatzera
Madari onen ere yatera
Biba, biba arno ona eta amodio
Gauak eta egunak diraino.

Ez dut dudatzen hango fruituak
Zuretzat diren biziki gochuak
Ai yauna nire ene midikuak
Horiek oro debekatuak
Biba, biba zu litertatia
Fruitu eztitik helgaitzak dira.

Fruitu guziak beraz utziko
Arrosa churiak ditun cherkhatuko
Heien usainak hi agradatuko
Gorriak ere guk bilhatuko
Biba, biba arno ona eta amodio
Gauak eta egunak diraino.

Arrosa churi bat eta gorri
Nondik ez dira behar charmegarri
Heien usaina da lukhargarri
Elhorriak ere ai chiztagarri
Biba, biba zu libertatia
Elhorrichizkoak layeros dira.

Hik nahi duna, ene izarra!
Yuan nadin ni hire segitzera
Ezdun nahi izan yuan baratzera
Hango fruituen enekin yatera
Biba, biba arno ona eta amodio
Gauak eta egunak diraino.

Yaun gaztia ni ez bidian
Beldur nehoren sartzeko etchian
Zu yostatu nahi ni ez gutizian
Egonen zira zure gazteluan
Biba, biba zu libertatea
Bai eta ene dantal churia.

— — — — — — — — — — — —

(Los Angeles, LIB. 2, 1893ko abenduaren 16an argitaratua,
Californiako Eskual Herria, 7. zenbakia, 1. orrialdea)

ESKUALDUN DEPUTATUERI

EIREA: *Lurraren pean sar nindaite, etc.*
Elekzioniak izan dituzte
aurthen Frantzia guzian
Estonatuak ere gelditu
gu hemen estranyerian
Nehork ezdauku galdatu
izan gure bozaren gainian
Zoin deputatu nahi ginuen
gure eskualdun herrian
Nondik ezgira trichtatu
behar yaunak lagunen artian.

2/ Bizkitartian gu ere hemen
guziak hango semiak
Nahiz aspaldi utzi gintuen
Bayonako alderdiak
Eskual-herriak gu guziak
gaitu arras ahantziak
Nola ez behar erdiratu
oi gure bihotz trichtiak
Orori bezala guri ere
min egiten kolpiak.

Erran zaharrak ez du faltatzen
bethi eguia erraiten
merechimendu handienak
gutienik sariztatzen
Dohakabeak orai lehen
mundu guzian arukhitzen
Hetarik izanen girela
aise da bera yuyatzen
Zeren bi gobernamendueri
zergak ditugun pagatzen.

Diasporako bertsoak

Abandonatu; gu Frantziak
zer trixhtezia handia
Mexicok khendu esku bat
eta harrek bertziaren erdia
Han eta hemen gure
presunak arras balio gutia
Nola ezgira lotsatu behar
oi gure Yainko maitia
Zuri galdatzen dugu
fermuki hortako pazientzia.

Gauza hori yakin baginu
ez ginen gu hunat yinen
Oren gaichtuan dudarik gabe
pentsatu izan ginuen
Hala-beharrak eskapurik
sekulan ez du izanen
Nehori bozik ezin eman
eskai ona baginuen
Deputatu ere behar bada
aspaldi izanen ginen.

Oren guziez begien
bichtan izanez heriotza
Guaza tcharra onarendako
ez othe hobe hartzia
Gisa hortan aiseago da
mundu huntan bizitzia
Yainko onak ero eginak
harena borondatia
Hunek bakharrik ez gizonek
berekin ezin bertzia.

Eskual herriak izanen ditu
Parisen bi deputatu
Bat Morrochko bertzia
Berdoly izan baititu hautatu
Biak berriak, herri guziak

kargu hortaz ohoratu
Esperantza handia hetan
huntaz ez behar dudatu
Zeren gamberan baitakite
nola behar den mintzatu.

Yaunak ez dugu pretentitzen
Kontseiluen emaitza
Huntako behar izpiritua
orobat yakitatea
Hainitz yenderi hau iduritzen
guaza bat arras aisea
Non errechago erraitea
ezinez eta eitea
Egin zazue egin ahala
hori da egin bedea.

Batzu gorriak bertziak churiak
han orotarik izanen
Bakhotchak non! bere idera,
segurki baitu emanen
Hetarik zoin den hoberena
nola daukute erranen
Eta guziek beren ustez
han arrazoina izanen
Gemberako yaun Presidenta,
hortako beha egonen.

Egundainetik ikusi dira
eta behar izan dira
Bethi aldekuak nola kontratuak
elgarrekin behar dira
Hautarik, hainitz aldietan
gauza onak heldu dira
Suyet batian akort izanez
izpirituak lo dira
Gizon handiak batailetarik
bethi sorthu izan dira.

Zuazte yaunak biak trankilki
gambera eder hartara
Zeren herriak duda gabe
han duke zuen beharra
Erranez hango guzieri
gu hemen khodatzen gara
Ez bakharrik mintzo baitugu
gure eskuara ederra
Frantsesez ere yaun maiteak
zuen bezen trebe gara.

Deputatuak orhoit zirezte
othoi ororen gainetik
Frantziaren etsai handiez
Europa horren erditik
Alemania, Autrichia,
Italia ingratetik
Anyelatarre faltsu hori
behatuz begi azpitik
Ikhusiz yeiten Toulonerat
haize hotza Russiatik.

Hoita hirur uthe huntan!
Errepublika Frantzian,
Egundaino! nork mundu huntan!
Orok ongui zuyatzian,
Ikusi gure Aintzinekoetan!
Hoin berte khar gorphutzian,
Eta bethi omore onetan!
Esperantza bihotzian
Yainko maiteak emanetan!
Ai! sartzeko ALZANIAN.

Changrinetarik hainitz aldiz!
Yainkoak guri berthute,
Arima behar, gisa guziz!
Eta han orok ez dute,

Frantzia ederra ongi buluzizi
Ehortzia: zuten uste,
Etsai guziak zauden irriz!
Doluak orai dituzte,
Nigareiten bihotzez begiz!
Hita piztu baitzakote.

Cronstandt-Coulon portu handiak!
Bi Amiranto heyekin
Gervais-Avelane buruza guiak!
Carnot-Alejandrorekin,
Ikusis denak Aita Sainduak!
Bethi grazia onekin,
Noren ganik heldu bakiak!
Errepublica horrekin,
Nik! Benedikatzen haur maiteak!
Egon, Yainko onarekin.

C. OXANDABARATZ.
Fresnillon (Mexico) 1893ko, Hazilan

5. atala
Paulo Yanci (1882-1955) eta lagunak

Ondorengo bertsoak paulo *Yanci ta bere lagunen bertsoak* (1968) liburutik aukeratuta daude. Paulo Yanci bera artzain ibili zen Ipar Ameriketan hamar urtez. Haren iloba eta lagun batzuek bide beretik joan ziren urte batzuk geroago. Hautaketa horretan haurriden arteko mezuak, aholkuak eta kontuak agertzen dira bertsotan, testigantza paregabea utziaz. Bertsoen izenburuak eta prosaz agertzen diren testuak liburuan dauden bezala utzi ditugu.

JOSETXORI
«Gure aita ibilli zen amar bat urte ardi zai Nevada'n ta California'n, eta artzaien bizi-modua iñork baño obekiago zakin. Orrengatik, bere illoba Josetxori, au ara yoan zenean, bertsu ok paratu zizkion.» [39]

1/ Josetxo, gauza txarrak
badauzka mendiyak,
ondo zaitutzekotan
aurreko ardiyak;
artzaiari tristatzen
zaizkiyok begiyak,
ikusten dituelakoz
kontrariyo aundiyak;
elur ta uriyak,
askotan bustiyak
gañ eta azpiyak,
ok dira egiyak;
bañan saria artzian
urre gorriyak.

---

[39] Zavala 1968:121-124. Hasieran ohar hau egin zuen Aita Zabalak, hasierako prosazko zati hau norena den esanez: "Pepito Yanzi, Pauloren semeak. Bertsoak, Pauloren eskuz-idatzietatik."

2/ Goizetan ateratzen
yaiz kanpo aldetik.
ardiyak ditukela
ire aurretik;
zakurrak zaituko daizkik
alde batetik.
ik berriz ojua ta
ziztua bestetik;
lana au goizetik.
aurre egotiagatik,
lenbaiziko itzetik
ziken map[40] atzetik
al bayu zaituko di-
tuzkek etxetik.

3/ Gaztiaren gogua
da beti jostetan,
beste gauzarik eztu
bere kasketan;
dibersiyorik bada
inguru oietan,
ik juateko miñarik
ez yuke anketan;
lana izanik bertan;
gogua bestetan;
egongo yaiz izketan
gero modu obetan;
zartziaz oroi adi
orai gaztetan.

4/ Josetxo, adiñ ona
daukak oraindikan,
fortuna bat egiteko
Amerikan;
diro askokiñ etortzen

---

[40] Hara Antonio Zavalaren oharra: *"Seek'em up! Seek them up!* Zakurrari ingelesez ematen zaion agindua: Bildu aiek!"

bayaiz ortikan,
iñoiz billatzen badek
bueltan biderikan,
urriak patrikan,
neskak ondotikan,
denak i naizikan,
Lesaka'n karrikan
señorita guziyak
ire atzetikan.

5/ Ortikan etortzian
musika juango da,
au da amerikanuendako
moda;
jendia emen juaten da
diruan ondora,
orrelako baten begira
emen asko da:
Joxepa ta Flora,
Ines ta Teodora,
Juliana ta Aurora,
urruxa arro da ...
primera klasian Jo-
setxo, ire boda.

6/ Josetxo, itz okiñ ez
sobera aunditu,
ez nuke iñoiz nai gauz
ori aditu;
gizonak bajotikan
biar du begitu,
gonbeni dan martxetan
aurrera segitu,
ez sobra mugitu,
itzak obeditu,
biar bada saritu,
denakiñ kunplitu,
al bada ez iñokiñ
gaizki gelditu.

PABLO YANZI'K BERE ILLOBARI NEVADA'RA
BERE KARTAN ERANTZUERA ITZ NEURTUETAN

«Emendik yoan ta lana billatu arte, egondu giñen errian illabete ta erdi. Gure nagusiak nai zigun toki ona eman, zaldiak ziren tokia; oñez ibiltzeko tokia etzun nai, arrunt gazteak giñela-ta. Nik osabari eskribitu nión errian nola geunden, ta zer bizi-modu egiten gendun, ta arek bertsu okin kontesta eman zidan:»[41] (1)

1/ Esan dezute nola zaudeten
oraindik beintzat erriyan,
jan ta edan naikua egiñez
ta aspertu arte oyian;
galderikan azaltzen ezpada
bertan igual eguardiyan,
gero bazter guziyak iretxi
janikan bada mayian,
ez dakit orla izango zaten
artzai juatian mendiyan.

2/ Zuek bezalako artzaiak ere
nai dituztenak izaki,
ez dakit artik ez ote duten
laster artuko aitzaki;
zuekiñ zer pasatu biar duen
osaba zarrak badaki:
illundu orduko oiera juanta
loz ase arte ez jaiki...
koiote oiek izango dute
zuengatik naiko jaki.

---

[41] Liburuan bertan agertzen den azalpena. Antonio Zabalak ohar hau gehitzen du orri azpian: "Josetxo Yanzi'k. Bertsoak, Paulo Yanzi'ren eskuz-idatzietatik artuak."

3/ Zuentzat ezta goxo izango
lanpide ori artzia,
erriko biziya bat da eta
menditakua bertzia;
egunaz ardiyak zaitu biar ta
baita egosi eltzia,
gabaz ardiyan marraka eta
koiotian irrintzia ...
Josetxo, ez da ori izango
Piperla'n zerri zaitzia.

4/ Egunaz ondo bazkatu biar
ardi, bildotx eta auntzak,
bazka garbiyetan ibilliaz
ondo bete arte panzak;
ez al da lana ori orrela
Josetxo, egiya esan zak;
erriko bizitzatik mendira
izango dira mudantzak...
or guziyori anzten zaizkiyo
musik-sonyo eta dantzak.

5/ Josetxo, ditzu osaba zarrak
egi batzuek esango,
bañan itz okiñ pena aundirik
ez dizut noski emango;
orai modua danian dantzatu
asko jota ta fandango,
nola bakarrik ardi zaitzera
mendira zeran juango,
an ez dezu zure Margaritan
laguntzarikan izango.

6/ Oraingo aldiko, nere illoba,
lana onetan aski da,
orrengatikan bes te bat arte
eman biar det despedida;
uste det laster izango dela,

zai egongo naiz begira:
Josetxo, ortik espero ditut
bertsotxo bat edo bida,
zure bueltak errezibitzeko
osaba zarra bizi da.

JOSETXO YANZI'REN BERTSOAK[42]

Ondorenan datorrena liburutik hartua da, hain zuzen ere
bertso-sorta azaldu eta kokatze aldera egindako sarrera izanik:

Josetxo Yanzi, Paulo Yanzi'ren anai baten semea da,
Lesaka'ko baserri batean jaioa. 1946 urtean 17 urterekin,
Amerika'ra joan zan. An amaika urte pasa zituan; 28'rekin
etorri zan. Gaur Etxalarr' en bizi da. Pauloren bertsoetan
Josetxoren bertso batzuk ere sartuak ditugu.

ARTZAIEN BIZI-MODUA

Onako sei bertso auek, Salbador Etxarte'k eman zizkigun,
itz auek aurretik erantsiaz: «Nevada'ra yoan nintzelarik,
Josetxok bertsu ok kantatu zitun, ango bizia nola zen;
berak yarriak dira.» Gero Josetxori berari erakutsi nizkion,
ta irakurri ondoren onela esan zuan:
-Ez nuen uste bertsu ok bizi zirenik; nik beintzat aantziak
nitun. Nevada'n nabillelarik, Lesaka'ko Fagoaga anaiak
galdetu zidaten ango biziari zenbait bertso paratzeko, ek
etxera bialtzeko. Amabi bertso yarri nitun.

1/ Europa'tik ateri eta
Amerika'n sartu,
Amerika'n sartu;
bizi-modu berri on bat
ustez oi degu artuo o.
ardi zarren atzetik lasterka
batek bear du lertu,
batek bear du lertu!

---

42 Zavala 1968:247-248

2/ Mendiyan jartzen garelik
bakar-bakarrikan,
bakar-bakarrikan,
tristura beti biotzin,
pozik ez iñundikan,
esanaz: «Ola ez laike bizi,
guazen emendikan,
guazen emendikan!»

3/ Nik egiyak esango ditut
nola fiñez bainagon,
nola fiñez bainagon:
leku au etor berriyin
iñóntzat ez dela on,
bañan sosik ezta izaten eta
bertan bear egon,
bertan bear egon!

4/ Bertsutan eztet yarriko
nik deus gezurrikan,
nik deus gezurrikan;
miñen bat artuko balitz
gaudelik bakarrikan,
amak ez luke aditutzen al
gure negarrikan,
gure negarrikan!

5/ Mutil bat izan daiela
azkar ta abilla,
azkar ta abilla,
miñez dela jakiñ ez ta
nor juango da aren billa?
iñor agertu baño lenago
gerta laike illa,
gerta laike illa!

6/ Nik egiyak esango ditut
jakiñen gañian,
jakiñen gañian;
gezurrak badira bota
oken ordañian:
diro gutxigoz bizi obia
eiten da España'n,
eiten da España'n!

NEGU GOGORRA[43]

«Josetxo Nevada'n arditan zabillela, bortz illautian egon
zen elurra kendu gabe, ta berriz asi zun sekulan baño geigo.
Ta, ura ikusi zularik, iru bertso ok yarri zitun. Ta arratsian
etorri zen ardi- kanpora, ta neri kantatu. Beñardo
Josetxoren anaia da, ta California'n osabarekin ari zen
lanean, rantxo batian. Karta bezala biali zizkion bertsu ok.»

1/ Beñardo, aurten dauzkagu
ernen negu gogorrak,
arditan ibiltzeko
artzai jatorrak;
sutan erre ditugu
inguruko onborrak,
oietik aski ez ta
txarnizo-zoztorrak;
gorrituk sudurrak,
baita're muturrak,
iltzeko beldurrak,
eztira gezurrak ...
guk baño bizi obia
orko zakurrak!

---

[43] Zavala 1968:249-250. Antonio Zabalak azalpentxo hau egiten du orri
azpian: "Salbador Etxarte'k; bertsoak ere, onek berak emanak."

2/ Osaban etxe ori
ez nago anztuta,
leku ori bainaukan
txit maitatuta;
orain Salbadorrekin
itten det disputa,
ori obia dela
aditu nai du-ta;
ezin ukatuta,
au dago aitortuta,
ai au bizi puta!
gorputza oztuta,
ardiri segi eskuk
bolsan sartuta.

3/ Guretikan urruti
daudezi erriyak,
txalet ordez dauzkagu
txamizo aundiyak;
begiratuta buelta
guziyan mendiyak,
elur artin ageri
dire arri gorriyak;
gu eskintan jarriyak,
ok dira egiyak,
urrikigarriyak
geu ta animaliyak ...
parerikan ez dauka
emengo biziyak!

6. atala
Emakumearen ikuspuntua bertsotan

Atal honetan emakumearen ikuspuntuari erreparatuko zaio. Gutxi dira, corpus osoa kontuan hartuz gero, emakumezkoaren egiletza duten bertso sortak. "Mikaela Zarranaren bertsoak", berez, "Bertso berriak" izenburuarekin argitaratu ziren, baina Mikaela Zarrana izeneko emakumea izan omen zen egilea (Zavala 1984:46), nahiz eta haren erreferentzia dokumentalik ez zuen topatu Aita Zabalak. Hona hemen bere azalpena:

> "Bertso-papera, *Donostian: Ignacio Ramon Baroja-ren echean* argitara emana eta Paris'ko Liburutegi Nazionalean arkitua. Paperaren beeko barrenean, eskuz idatzita: 1869 *Aout*. Urte artakoak dirala adierazi naiko duo Egillearen izena amaseigarren bertsoak esaten digu: Mikaela Zarrana. Entzun izan degunez, emakumezko au Betelu'koa zan, eta Ozkoz'ko Erdabide bertsolariarekin bein batean kantatua. Betelu'ko eliz-artxiboan saioa egiñak gera, bañan alperrik gure egiñala: ez degu emakume onen aztarrenik arkitu."

Joan Errea, berriz, Nevadan jaio (Ely, Nv, 1934) eta egun han bizi den emakume bat dugu, guraso euskaldunengandik sortua eta euskara atxiki ez ezik euskaraz ere bere bizitzaren hainbat alderdi azaltzeko idatzi duena. Eskuizkribuok Pello Salaburu euskaltzainak jaso, editatu eta karrikaratu egin ditu *Aita deitzen zen gizona* (Pamiela, 2016) izenburupeko lanean. Euskal Diasporaren ondorengoen bizimoduaz, familia bizitzaz, dituzten nahigabe, maitasun eta pozaldien berri izugarri ongi azaltzen dituen bertsoak dira, testigantza aparta bilakaturik. Nabarmentzen da Joan Erreak bere aitarekin zuen bihotz-lotura eta aita-mina (Joanek 19 urte zituelarik zendu zen aita). Ortografia Pello Salaburuk aldatua da eta liburuan zehar zenbait orri azpiko ohar agertzen dira irakurleak hobeto uler dezan irakurtzen ari den testua (hemen ez ditugu jarriko ohar horiek).

Mikalera Zarrana-ren bertsoak[44]

BERTSO BERRIAK
1/ Bertso berri batzuek,
ditut aterako,
Apaiztegi jaunaren
barku ontarako,
zeren badaukazkigun
motiborik asko,
jendeak pasatu du
miseria franko.

2/ Kantatu naiagatik
gogoa non dago?
Atzo indar gitxi ta
egun gitxiago;
zutik eziñ egonik
jende asko dago,
ezurrak jasotzeko
nai ainbat lan dago.

3/ Pasadizoak ongi
deklaratutzeko,
abantea baneuka
esplikatutzeko;
indarrak juan eta
memoria flako,
kartzelakoen gisa
sufritu bearko.

---

[44] Zavala 1984: 41-46.

4/ Barkurako jendea
biltzen duenean,
agintzeak aundiak
beren mingañean;
indarrik eziñ egiñ
uraren gañean,
jendea martxatu da
miseri aundian.

5/ Gizakumeak ere
nai ainbat lanekiñ,
galtzak eziñ eduki
gerriñ ubalakiñ;
jikara bana baba
galleta urdiñakiñ,
nor egon bizirikan
orien janakiñ?

6/ Pasaia'n irten ata
egun gutxi barrun,
zorriak an zebiltzen
ontzien ingurun;
gutxienaz bagiñen
bosteun bat, lagun,
orra zer gobernua
Apaiztegi'ñ barkun.

7/ Nafar-eria ere
sartu zan barkura,
orduan artu zuen
jendeak tristura;
iru il ziran eta
artu ta putzura,
eriotza zor degu
jaioak mundura.

8/ Iru lagun il ziran,
beste zazpi eri,
Abe Maria bezela
egia da ori;
biotzetik eskatu
Birjiña Amari,
erremedio oberik
ez da emen agiri.

9/ Kuartillu bana ardo
zuten agindue,
pozik erango gendun
eman baligue;
bere itzen erdirik
kunplitu ez due,
barku ontako jendea
joan da saldue.

10/ Emengo miseriak
ongi agertzeko,
eun ta larogei bertso
ez lirake asko;
bañan bastante dira
entenditutzeko,
poliki asi giñan
barku ontarako.

11/ Bagendun txokolate,
kafe ta azukrea,
premian estaltzeko
nezesidadea;
egiten utzi nai ez,
miseri tristea!
Lagun zaiguzu arren,
Birjiña maitea.

12/ Kozineroa gendun
ona ta leiala,
bizirik egoteko
bagendun bearra;
berak jan ta eran egiñ,
besteari farra,
frantzes bizar gorria
dan a giza txarra.

13/ Koziñero ori da
txit gizon prestua,
barku ontako jendeak
dauka ezagutua:
alarguna omen da,
edadez zartua,
iru arroa ez da,
dana txalkortua.

14/ Koziñeroak badu
bertso oien premia,
aspaldian ez dago
gutxi merezia;
pasajeroai burla
nai duan guzia,
baioneta dirudi
dan a puzunia.

15/ Goizean gosaltzean
sardiñ ustel zarra,
biotza animatzeko
ez da gauza txarra;
barkuan sartutzean
bagendun indarra,
erdia balego oraiñ
ez litzake txarra.

16/ Mikaela Zarranak
kantuak paratu,
barren ontako jendeak
naute enkargatu;
afizioa izan da
nik eziñ faltatu,
orra amasei bertso
nai duenak kantatu.

— — — — — — — — —

ARTZAIN BATEN MEMORIA[45]
Ardi kanpo batian, Nevadako desertian,
ene haurño memoriak ditut bihotzian.

Untasun guti bizian eta beti lanian,
goizetik-ats ari zen gure ama finian.

Lau seme maitegarri, enetako ez astirik,
amak alabarendako batez pazientziarik.

Baina neure bizian kontent gelditurik,
ez bainuen baltarik Aitain amodiotik.

Jainkoaren amodioa ikasirik altzoan,
irri, otoitz, eta kantu, Aitaren besoan.

Frantziatik jina zen arras hain gaztia,
amets berri, indarrez egiteko bizia.

Horrek izkiriatu du Nevadako historian,
ardi kanpoko bizia nola zen desertian.

Eguna luze, anitz xangrin, harek pasaturik,
Jainkoak lagundurik, egin zen bizirik.

---

[45] Salaburu 2016:35-36

Oroit niz egun batez, haren hartu kolpia,
Europako «letra beltza», amaren hil berria.

bihotzian min haundia, matelian nigarra,
otoitzian ari zen hartzeko indarra.

Ni Aitaren onduan, iduri kontsolari,
bainan penen artetik harek haurra ez ikusi.

Ni bihotza sarturik bertze xoko batera,
hiltzia ez konprenditzen, ez Aitaren nigarra.

Lehen aldiko, lekurik ez haren balaunian,
utzi nuen Aita ixilik bere pena haundian!

Aitak biziki maite zien liburuen leitzen,
eta hala ikasi zien engeles mintzatzen.

Aitain belaunian guk ere ikasi goxoki,
eta haren amodioan, gu abilak giziki.

Ama emazte fina bainan pazientzia laburzki,
harek fite zien emaiten, zarta bat edo bi!

Beti zen lana burian eta «finezia» guti,
Atiaren errietn hobia eta «lekzioniak» eztiki.

Erraiten zien etzela izain errexa bizia,
etzela beti xuxen munduko bidia.

Ardi kanpoko bizia, Nevadako desertian
Aitak eman memoriak ditugut bihotzian.

Aita zien izena[46]

Ameriketara jin zen eskualdun gaztia,
hemengo bizi berriz, muntatia buria.

Klarineta eta balisa hartiak eskian,
amets un bat eginik, kantia bihotzian!

Izen unak bakarrik, ez sosak famatia,
bere eskualdun fediak, aberastu lekia.

Wyomingera jin zen gazte hori artzain,
ardi nagusi baten buruz, anaiaren ordain.

Beti bakartasuna, haize hotza lagun,
egunak ziren tristiak, gauak ziren ilun.

Zonbait aldiz egoiten zen izarren kontatzen
baianan nigar xortek arin argia gordetzen.

Berak eginez kantiak baitzen «Bertsolari»,
ondoko urtetan gero kantatzen alabari.

Sei urte luzez egon zen artzaina mendian,
ardi-bildotx eta astua, bi zakur aldian.

Liburiak estudiatu, kantuz errepikan,
haren bizi ixila, Wyomingeko mendietan.

Anaia harek galde eginik, Nevadako desertura,
artzain beharra baitzen hemen biziki ardura.

Nagusiek ezin pagatu artzainen solduak
sosaren partez emaiten ardi zahar mainguak.

---

[46] Salaburu 2016:37-39

Hasi ziren anaiak, biak konpainian,
ardiak pasturetan ahal zuten lekian.

Terrenotik terrenora, bazka berdiari segi,
holaxe ziren biak urtetan ibili.

Gertatzen den bezala anitz familiari,
hizkatzia pasatu zen anaiak anaiari.

Biak hain samurturik partitu itsuski
anaiaren konpainia betikoz zen hautsi.

Gauzak gertatzen dira familian ardura,
sekulan ezin barkatuz elgarren makurra.

Bi bidetan joan ziren, estranjeroak iduri,
elgarri ezin emanez barkamendu hori!

Nevadara nola jin zen eskualdun gaztia,
urte batzuen burian hartu zuen emaztia.

Fede emanez, hazi zuten familia
guretako zen «Aita», guztiz maitatia.

AMA[47]

Ene ama zen «bankarra» jina Frantziatik
arras gazte ateraia aita-amen eskutik.

Begiak zitien hain beltzak, eta ilia kuzkurra,
dantzan hartzeko beti zalu zapata-muturra.

Begi beltzak argituz zen nexka gazte ederra
eskualdun guziek bezala, fedia azkarra.

---

[47] Salaburu 2016:40-42

Eureka-ra jin zen hunat Eskualdun «hotelera»
ganbera garbitzera eta kozina egitera.

Bera ohia, jatekoa, eta peso bat egunian,
argitik ilunera ari zen lanian.

Astelehen eta igande, zazpi egun astian,
pasaiaren pagatzeko, peso bat aldian.

Anitz aldiz izan zen kuraia galdurik,
eta bere biziaz arront urrikaldurik.

Bainan berriz hasten zen lanaren egian,
nehorek ikusi gabe nigarra begian!

Artzain gaztia franko ibiltzen ingurian,
bainan denak berdinak, ez baitzien bat burian.

Goizetik-ats lanian hainbertze zen akitzen
ahal bezain goizik zien ganbera xerkatzen.

Igande batez jin zen Arnaud Paris hotelera
pilota partida batzu eta afari jatera.

Lagun unekin ixtant bat ongi zien pasatzen
eta mus partida batzuk biziki gustatzen.

Afaria jatian, jin zen kozinera bistara
norbaitek erranik zela, nexka hori bankarra.

Berak lagundia zela jin zen memoria
Currie-n pasatzian baitzen nexka hori galdia.

Eta nola lagundu zien balisa sartzera
transitan kanbiatzeko, jiteko Ely-ra.

FERMIN[48]

Fermin zen bertze artzain bat gizona hain fina,
emazte-alabak utzirik, Frantziatik zen jina.

Urtee batzuen burian joan zela familiaren xeka,
sekulan etzuen ikusia, Anne Marie, bere nexka.

Bainan beti zen haur hura Ferminen burian,
bere familia ttipiaz beti pentsamendian!

Ikusten zien alaba haunditzen potretetan,
emaztiak igorriz ardura bere berrietan.

Ferminek beti nahi izan biak hunara jitea,
emaztiak familia ezin utziz, sobera beldurtea.

Igortzen baitzuen sosa Ameriketara jiteko,
bainan emaztia beldur baitzen bizia kanbiatzeko.

Holaxe bizi zen Fermin, potretekin bakarrik,
alabaren penarekin segur bihotza beterik.

Anitz lekutan baitziren aspen arbolian pikatia,
bere alabaren izena eta haren sortzeko urtia.

Hainbertze urte egonik, ardura ixikiriaturik
jarri zen Fermin gaixua desesperaturik!

Ene anaiek maite izanez, harekin ziren ardura
jostakina baitzen Fermin, gizon goxo hura.

Aitak erraiten zien beti, zela artzaina ederrena
bildots haundien egiteko zela hoberena!

---

[48] Salaburu 2016: 100-101. Fermin izeneko euskal artzain istorio tragikoa, artzain askoren bizimodu latzaren erakusgarri agian, ezin izan baitzuen bere familia ikustera joan Euskal Herrira, nahiz eta Joan Errearen aitak dagoeneko dirua eman zion bidaia egin zezan.

Enetako harut baitzien amodio bat haundia
haren bihotzian nik beterik Anna Marien lekia!

Bihotz haundia izanez, anitza amodio emaiteko,
ez dut sekula bihotzian izan, emazte hari barkatzeko.

Aitak eman zagon sosa bera Eurupara joaiteko
gero familia harturik berriz arrantxora jiteko.

Primaderan partitzeko zen Fermin gelditu,
bainan otoino harta egin zen eritu!

«Garrapata» ausikitik «Rocky Mountain» sukarra harrapatu
eta hamar egune gabe zen gizona garbitu!

Oroitzen niz Aitaren penak eta haren nigarrez,
oroitzen niz Ferminen amodio, eta fede indarrez.

Oroitzen niz heldu zela elur xuria zerutik,
manta bezala jarri baitzen haren hilarri gainetik!

7. atala
Anonimoak eta egiledunak:
bidaiak eta helburu-lurraldearen egoera.

(1856)
BERTSO BERRIAK
ESPAÑOL EUSKALDUN BATEK JARRIAK[49]

1/ Milla zortzireun da
berrogei ta amaseyan,
askok pensatu degu
juatia ontziyan;
Martxuaren amaikan
irten gera Pasayan,
orduko suzesoak
nua esa n nayan.

2/ Dn. Nikolas Soraluze'k
deseo zukian
jendia bialtzia
bapore batian;
txarra atera zaio
lenengo suertian,
arren zai ego n gera
sei illebetian.

---

[49] Zavala 1984:31. Bertso-sortaren bukaeran ohar hau jarri zuen Antonio Zavalak bere liburuan: "Bertso auek Aita Donosti zanaren artxibotik ditugu, eskuz idatzitako orri batetik."

3/ Jendea luzepenaz
kejatu da agitz,
belero bat billatzia
pensatu da berriz;
Burdeos'tik ekarri
du fragata *Luis,*
obe zan lenengotik
au ekarri balitz!

4/ Eujenio Melendez
gure gubernuban,
Soraluze'k jarriya
au bere lekuban;
ondo ibilli balitz
pena ez genduan,
esango det prueba
nola eman duan.

5/ Abiyatu giñaden
animoz da pozik,
izango etzalako
orrelako gauzik;
ez genduan espero
gobiernu ona baizik,
bigarren egunian
ura eman nai ezik.

6/ Armoni gaiztua
asi du jendiak,
nola gizonak eta
igual andriak:
«Ainbeste pagatu eta
onela juan biar!,.
Iñork ezin mudatu
aren kostunbriak.

7/ Dn. Nikolas jaun orrek,
barkuban sartzian,
ordenako paperak
zabaldu bai ziran,
gure errazioak
nola biar ziran,
pasajero guztiyak
orren eske ziran.

8/ Jose Migel Altube'k
kargu egin zuban:
ia bulla arekin
zer falta genduban;
orduban jarri giñan
aren gobernuban,
Melendez baño ere
naiago genduban.

9/ Merezi baño geiago
nai ez det famatu:
gosiak ez du geroz
jendia penatu;
gauza ekusiak ez du .
zertan informatu,
Altube'k ondo daki
nola gobernatu.

10/ Guztiyok badakigu,
nai badegu esan,
uraz gusto aundirik
ez degula izan;
gizon ori barkuban
ezpagendu izan,
gauza onik gurekin
ikusiko etzan.

11/ Melendez ori dago
beti erriertan:
asko gastatzen dala
modu orietan;
eduki nai ginduzke
jendia dietan,
zori gaiztoz jarriya
gure begietan.

12/ Gizon onek ez digu
ezer opa guri,
ain gutxi derizkiot
bere buruari;
bizar artian ez du
musurik agiri,
korputz guztian ez du
libra bi aragi.

13/ Asi ziran biberez
kargatzen fragata,
beriala aspertu
naikua zala-ta;
aitu zan aragia,
igual patata,
jendia larri giñan
zer jana falta-ta.

14/ Bakallau eta sardiñ
makiña bat zuan,
usteldu ta botiak
dira itxasuan;
oliyuak aituta
manteka auzuan,
dendatik ekartzera
iñork nai ez juan.

12/ Bibere oien karguban
zan Lizarriturri,
ondo zekialako
itxasoko berri;
deskuiduan ere
geiegi ez du jarri,
arribatu artian
izan gera larri.

16/ Amabost egun bada
aitu zitzaizkigula,
geroztik or gabiltza
al degun bezela;
goizian da arratsian
baratzuri-salda,
eguardirako zerbait
luzituko al da.

17/ Miseriak gauza onik
ez dakar gogora,
bibereak eskastuta
famili gogorra;
aize gaiztuen beldur
giñaden gerora,
larri iritxi giñan
Montevideo'ra.

18/ Dn. Nikolasengana
aserreak gaude,
manifestatu bear det
sentimentu au ere;
abereak bezela
onenbeste jende
bigaldu gaituala
kapellaurik gabe.

19/ Bagenkien barkuban
apaiza bazana,[50]
nork pensatuko zuban
kapellau etzana?
Bagenkien preziso
konbeniko zana,
gero jakindu degu
artako etzana.

20/ Ez bagendu izandu
okasiorik,
ez genduan jakingo
oien mintziorik;
debalde nekatzeko
nork du deseorik?
Ez du pasajeroak
obligaziorik.

21/ Bi milla ta eun errial
dauka pagatua,
guk bezela, azpian
daraman barkua;
onela pagatuta
bere trabajua,
gure serbizioan
ez da obligatua.

22/ Dn. Ermenejildo Eizegi
apaiz ori degu,
Ermo'ko semea da,
badakit seguru;
eman dualarikan
orrenbeste diru,
arrek bere leialtadez
asistitu digu.

---

[50] Ohar hau jartzen du Antonio Zavalak: "Esku-idatziak: *bazala*. Bañan bagenkien aurrean *bazana* behar du, irugarren puntuan dagoan bezela. Eta punturako ere ala komeni da.

23/ Don Nikolas jaun ori
nola ibilli da?
Ikasi nai duanak
obrari begira;
kapellau bat barkuban
beti konbeni da,
animaliyak orrela
bialdutzen dira.

24/ Jaungoikuak grazia
eman ezpaligu,
Dn. Nikolasengatik
galdubak giñan gu;
abereak bezela
ginduen bialdu,
kontuba orrek oraindik
lan eman bear du.

25/ Baldin sententzi ori
balegoke nigan,
erakutsiko nioke
biar dan legian,
bi milla eta geiago
legua birian,
personak zer modutan
bialdutzen diran.

26/ Oi ta sei bertsorekin
orra despeditu,
geiegi esatera
ez naiz estenditu;
motibua duanak
beza entenditu,
barkazio eske nago
badet ofenditu.

BERTSO BERRIAK
JOSE IRIARTE'K JARRIAK

1/ Orain artu det pensamentuba
bertso berriak jartzeko,
ni jaio nitzan erriko jende
guziak akordatzeko;
idearikan artutzen badet
atzera bueltatutzeko,
fabore aundirik apenas daukat
iñori pagatutzeko.

2/ Sueldo batekin atera nitzan,
ondo badaki erriak,
izardi aundirik atera etziraten
neri diruan kargiak;
arriturikan gelditzen ziran
bidian jende guziak,
diru gutxikin ikasi ditut
Amerikako berriak.

3/ Eskerrik asko bateronbatek
netzako trena debalde,
enpeñatuta logratu zuben
fondako Migel Igalde'k;
aberastera suertako banitz
asko bezela uste gabe,
ondo pagatuba izango luke
kunplimenturikan gabe.

4/ Trena debalde banuben baño
manejatu biar zan jateko,
esaten nuben: «Dirurik ez det
fondarik pagatutzeko».
«Zer eingo degu?» entzuten nuben,
eta maian jartzeko,
jan da ondoren soñu piska bat
gitarrarekin jotzeko.

5/ Nere barruko pena geienak
juan ziran ori aitzian,
kafiak artu, kopak eranaz,
umore eder bat jartzian;
erozein gauza, jaunak, ikasi
sekulan ez da lotsia,
oraingo buelt'ontan baliyatu zait
neri gitarra jotzia.

6/ Maiatzeko illan ogei ta lauban
sartu giñan baporian,
jende-kuadrilla galanta zegon
Burdeos'eko muellian;
denak ojuka ta eskubak joka
segitzeko umorian,
familliako batzuk bezela
martxatu giñan bidian.

7/ Lenengo jana eman ziguten
patata zuitu gabiak,
ogiya berriz ikazturikan,
erre gaberik erdian;
bizkaitar batzuk esan ziraten:
«Betoz gure konpañian»,
arrantxu ori nik ez jateko
aik bazutela obia.

8/ Bapore dana sublebatu zan
uniturikan jendiak,
kapitanari esa n zioten
aik etzirala txerriak;
ondramentian pagau zutela
eta egiteko jan obiak,
bestela urera juango zirala
ango katxarro guziak.

9/ Kapitan orrek modu onarekin
jendia aplakatzeko:
denbora gutxi izan zutela,
beingua barkatutzeko;
kozineruari enkargau zion
jendia kontentu eukitzeko,
urraingo obia izango zala
eta erretiratzeko.

10/ Andik aurrera etzan izandu
kejarik jende tartian,
soñuba jota guziak dantza
kapitanaren aurrian;
ari're nunbait askoi bezela
gustatzen zaio bromia,
nere ustetan kapitan ori
izan biar du noblia.

11/ Bota bat nuben fisti baten a
neri Galbete'k emana,
ura ikusita erreparuan
gelditu zan kapitana;
eskutan artuta ari begira
ezin eman zion plana,
nik neure baitan: «Ondo pensatzen
artu dezu naiko lana».

12/ Estrañaturik galdetu ziran
iya zena zen botia,
nik erantzun nion: «Ori da, jau na,
basakatuen dotia».
Txokau zitzaion neure errespuesta
orrela kontestatzia,
bodega junda barrikatikan
ekarri zuen betia.

13/ Len adiskide asko, gero geiago
baza n neure inguruan,
«danok botatik eran biar degu,
ez apuratu gure onduan»;
jende oberik ezta posible
arkitutzia munduan,
soñua jotzen atera giñan
Buenos Aires'ko portuan.

14/ Zenbait karro ta gañera kotxe
gure espero baziran,
oteletara eramaiteko
portian ibilli ziran;
karretero batek sartu ninduban
karro batera segidan,
ango kaletan bazan jendia
gure soñubai begira.

15/ Otel batera eman ninduten
dirijiturik karrua,
moneda gutxi emanagatik
eraman nuen garbua;
adiskide batek bela esan ziran:
"Neure gain zure kargua».
eta erozeiñek pagatzen zuban
eraten nuben ardua:

16/ Gaurko eguneko gizalegian
zeguban diferentzia,
Buenos Aires'ko otel batian
artu det esperentzia;
persona batek ezautu gabe
bazuben borondatia:
"Tori dirua, berrogei peso,
pagaturikan fondia».

17/ Buenos Aires'en esa n ziraten
kanpora ez abiatzeko,
jende gaiztua zegubela ta
batere ez fiatutzeko;
nik berriz lendik pensaturikan
naiz ifarnura sartzeko,
konseju oiek aritu arren
ez nengon kobardatzeko.

18/ Indiotara etorri nitzan
arturik neure fedia,
bidian esanaz nere burubari:
ccEztek izango egiya;
fijatu zaitez erreparuan
gaurko munduko legia,
batzuk izan da beste batzuek
eamaten dute famia...

19/ Makiña bat gauza mundu onetan
mintzatutzen du jendiak,
papeletaztik badakizagu
mundu guziko berriak;
ez da oberik presentatzia
bakoitzak bere begiyak,
orduban klaro jakiten dira
gezurrak eta egiyak.

20/ Bertsu oriyen errematian
Alsasu danai gorentzi,
neure partetik orko jendia
osasunarekin bizi;
iruki arren ondo egoteko
makiña bat komenentzi,
emen geatzia bueltatu gabe
guaindik ez diot ereitzi.

Australiarako emigrazioaren berri bertsoz ematen den sorta bakarretakoa dugu ondorengoa eta horregatik antologia honetan jartzeko meritua irabazi duelakoan nago. Antonio Zavalak sortaren bukaeran egiten duen iruzkina ere hemen jarriko nuke, bertso-sortaren nondik norakoen berri ematen duelako, ikerketa guztiz burututa ez dagoen arren:

"Bertso auek, bigarren bertsoan esaten danez, emen inprentatzeko bialduak dira. Bañan ez dakigu ola egin ote ziran. Bertso-papera ez baitegu iñondik jaso al izan.

Guri, Ondarroa'ko Agustin Zubikarai[51] adiskideak bialdu zizkigun, makinaz idatzita eta bukaeran onako oar au erantsita:

«Bertso oneik Matzuri baserriko etxekoandreak abestu-ala kopiatuak dira.»

Aurretik, berriz, beste argibide auek ematen ditu:

«1927'garren urtean Motriku'tik Australia'ra joan ziran, desertore, lau mutil: Frantzisko Txurruka, Maixa'kua; Arrieta, Langa-Etxebarri'kua; «Pikua», Pikua baserrikua; eta Zezilio Basurko, Aategi'kua.

Azken onek bialdu zitun betso oneik Australia'tik.»"

(1927)
MOTRIKU'TIK AUSTRALIA'RA

1/ Milla urte ta bederatzireun
ogei ta zazpigarrena,
Kristo zerutik jetxi zanetik
orain pasatzen gaudena;
Australia'ra sartu ezkero
au kontzaten det aurrena,
mundu onetan nik ezagutu
dedanik urte txarrena.

[51] Agustin Zubikarai (1914-2004) idazle Ondarrutar oparoaren berri bio-bibliografikoa Auñamendi Entziklopedian dugu gaztelaniaz: http://www.euskomedia.org/aunamendi/148400

2/ Pentsamentu bat orain artu det
bertso batzuek jartzeko,
plaza batian kantatziarren
jentiak aditutzeko;
Australia'tik bialtzen ditut
España'n inprentatzeko,
lagun zar bati agintzen diot
nire errian saltzeko.

3/ Ortik onera pasatu ditut
lur ta itxaso luziak,
prantzes barkuak ekarri nindun
irugarrengo klasian;
gutxi jan eta padezituaz
egarri eta gosiak,
nunbait merezi izango nit~n
kastigu oiek guztiak.

4/ Geroko penak ekartzen ditu
aita ta ama uztiak,
bizi-modua zer dan guk emen
ikasten degu gaztiak;
denpora onekin padezituaz
pasako dira guztiak,
oraindañoko urtiak baiño
erosuago dek aztia.

5/ Ogei ta bat urte artian
aita ta amak azita,
onera zertan etorri giñan
España'n ondo bizita?
Au dek mutillen ibildadia
osasun ona eukita,
jango badegu lana egin bear
goizean goizo jaikita.

6/ Jaun Zerukoak orain eman dit
akordatzeko grazia,
nola naguan aita ta amak
ondo kostata azia;
egun batian pentsatu nuan
Australia ikustia,
neronen faltaz badaukat orain
emen bizitza tristia.

7/ Gu emen nola bizi geraden
esango diet danari:
arrazoi txarrak aditu bear
ta gogor eldu lanari;
kalabazia tomatiakin
dirade gure janari,
eta errekan geldi daguan
ura gañetik edari.

8/ Ondo kostia da emen orain
irabazten dan dirua,
egun luzia lanerako ta
beti eguzki berua;
lendik ez nitzan listua baiño
ia galdu zait burua,
txerriai ere ez diot opa
olako bizi-modua.

9/ Nere ideaz etorri nitzan
Australia'ra igesi,
egin nulako ondo bizi ta[52]
diru asko irabazi;
ez etortzeko esanagaitik
ez dirate galerazi,
entzun txarreko pizti gaiztuak
ez du besterik merezi.

---

[52] Ohar hau jartzen du Antonio Zavalak puntu honetan: "Bearbada, *eingo nulakoan* edo olako zerbait bearko luke emen".

10/ Au ere esan egin bear det
daukadan arte buruan:
zapai batian biok lo eiten degu
ijituaren moduan;
satisfazio guztiz onekin
biok alkarren onduan,
«au baiño mutil oberik ez dek
-pentsatzen dala- munduan».

11/ Orain jendiak pentsatzen badu
esana guzurra dala,
etorri eta proba dezala
gusto duanikan bada;
biajeko lain egingo al degu
iñoiz nola edo ala,
ortakoz lana egin bearko
egunez ezer ez dala.

12/ Nungua naizen ez det ukatzen,
ni naiz Gipuzkoa'kua,
da nere lagun maite dedan au
Bizkaia'n bataiatua;
onek esan dit amairu bertso
badiradela naikua,
orain beste bat ipini eta
akabatzera nijua.

13/ Amairu bertso atera ditut
nai dizkienak ikasi,
etorri gabe obe dezute
emengo berri ikusi;
enteratzeko paper au artu,
ez da batere garezti,
nere lagunak salduko ditu
iñok nai badu erosi.

Ondorengo bertsoak Antonio Zabalak orduko *Aranzazu* aldizkaritik "erreskatatu" egin zituen eta *Ameriketako bertsoak* liburuan paratu (1984:127-131), Amerikarako emigrazioarekin gaiarekin zerikusia zutelako. Ez dago garbi norenak ziren. Izenburuan "Urbiako bi artzain" aipatzen dira eta, eta 9. bertsoan xehetasun gehiago daude: "Joxe Migel Zeraindarra/ Araoztarrakin,/ irugarrena berriz/ Urbia'ko Martin", baina ez dirudi informazio horrekin dena argi dagoenik edota arrastoa jarraitu zienik. Edozein kasutan hona hemen Antonio Zavalaren oharrak:

"Bertso auek *Aranzazu* aldizkarian agertu ziran, 1965 urteko Maiatzan, argibide onekin:

«Orain dala bospasei urte joan ziran Ipar-Ameriketara Urbiako bi artzai eta beste bat araoztarra. Irurak arkitzen dira U.S.A.'n, Oregon'go Estaduan. Andik bialdu dizkigute bertso berri auek. Ikusten danez, Arantzazuko Ama Birjiñaz ez dira aaztu. Eta Euskalerriaz ere ez, noski. An egiten duten bizimodua, ango pizti eta sugetzar bildurgarriak, dena kontatzen digute ederki baiño ederkiago. Arantzazuko Amak bedeinka eta onik atera ditzala arrisku danetatik»."

(1965)
BERTSO BERRIAK
IPAR AMERIKAN DAUDEN
URBIA'KO ARTZAIAK JARRIAK

1/ Laguntza eskatzen diogu
Arantzazu'ko Ama maiteari,
amaikatxo mesede
egiten digu guri;
gure izate guztiak
zor diogu berari,
orregatik esaten diogu
ainbat agurmari.

2/ Amerikan gabiltza
biotzeko miñez,
zurekin aaztu gabe
gau eta egunez;
«Ama, urruti zaude»
sarritan esanez,
ta noiz ikusiko zaitugun
berriro, jakin ez.

3/ Emen sarri askotan
arrisku-bidean,
pizti txarrak sartzen zaigu
gure arta Idean;
Zu or zaude gure zai
Aloña egalean,
gorde gaitzatzu, Amatxo,
zure magalean.

4/ Piztirik txarrenak artzak
eta koioteak,
gauetan ezin utzi
zabalik ateak,
eta sarritan egiten
diguten kalteak;
tiro batzuek tirata
egin bear pakeak.

5/ Argi ibilli bear
emen dabillenak,
ez ditu lasai edukiko beti
beraren gibelak;
aurrean azaltzen zaizkitzu
pizti zatarrenak,
suge kaskabelak dira
bildurgarrienak.

6/ Orlako piztirik ez da
Urbia aldian,
iturri ederrak bai
mendi gaillurrian;
gu berriz emen gabiltza
bildurrez aidian,
suge oiek zintzarria
jotzen dutenian.

7/ Egun baten orruntz
biurtzen bagera,
ondo pozik zuregana
etorriko gera,
zure aurrean umil
belaunikatzera,
ta gure biotz gaxoak
ondo sendatzera.

8/ Iru euskaldun gaude gu
elkarren onduan,
beti kantari gabiltz
txorien moduan,
gure izkuntza degularik
biotzen barruan,
ta esanaz: «Orlakorik
etzegok munduan».

9/ Gu irurok nortzuk geran
nai badezu jakin,
garbi jarriko dizkizuet
gure izenakin:
Joxe Migel Zeraindarra
Araoztarrakin,
irugarrena berriz
Urbia'ko Martin.

10/ Aurki dijoa Martin,
ori dijoa aurrena,
au izan degu irutan
mutil bizkorrena;
Urbi'ko Zelanditaren
semerik gazteena,
ta emen zegoanikan
artzai' jatorrena.

11/ Aita Gastesi ta Agirretxe,
Lasa ta Garmendia,
altzatu nai genduke
oien lagundia;
oiek berpizten dute
ildako jendia,
gure agurrik beroenak
zuentzako dia.

12/ Iñork galdetzen badu
gu irurogaitikan,
ez dio ajolarik
esanagaitikan.
Urruti xamar gabiltz
Euskal-Erritikan,
Orengon'go Estaduan,
Ipar Amerikan.

Klaudio Otaegi (Zegama, 1836 – Hondarribia, 1990), ez zen Ameriketan ibili, baina modu harrigarri batean ondorengo bertsoetan euskal emigrante batek senti zezakeen herrimina adierazten du bertsotan, bertan bera emigrante izango bailitzan.

Amerikatik
Klaudio Otaegi

1

Nere etxe txuri maite maitea
Zuaitz tartean zaudena,
Ingurumari guziko lurrak
Mendean daukazkitzuna,
Biotz txokoan daukazkit beti,
Nere sortetxe kutuna!

2

Gogoan ditut zure sukalde.
Larats, gela ta ganbarak,
Tegi, abere, zakur txitoak,
Eta lanerako tresnak,
Pilotan nere aurtasunean
Aritzen nintzan paretak.

3

Etzait aztutzen ezkon-berrien
Leioko gurutz xuria,
Sukal ondoan arkitutzen dan
Gelako nere kabia,
An utzi nuan errosario
Lurdestikan ekarria.

4

Gogoan dauzkit auzoetako
Aitonak nola ziraden
Ipui kontari atal-aurreko
Aritz azpian bildutzen;
Nola oi ziran neska mutilak
Soinua jo ta dantzatzen.

5

Etzait antziko etxaburuko
Zumardi eta larrainak,
Non igandero zuten bilera
Etxekoandre zuzenak,
Pozez begira nola jostatzen
Ziran biotzeko aurrak.

6

Eta gero an soro ertzeko
Udare, sagar, maastiak,
Pikuak eta kereiz anpoilak
Txingarra bezin gorriak,
Usai oneko bedarrak eta
Pinpilinpausa txuriak.

7

Zenbat zorigaitz nere etxe txuri
Polita utzi ezkero!
Nork lezakean egin egaaka,
Itsas zabala igaro,
Eta antzinako kabi txuloan
Egin lo berri berriro!

8

Fedea epel, Esperantzik ez,
Iskinka Karidadea,
Bene benetan diot esaten,
Nere amatxo maitea,
Orko taloa emengo ogia
Baina dala askoz obea.
Eskarmenturik ez duten aek
Sinistu nai ez ordea...!

8. atala

Ignazio Argiñarena (Errazkin, Nafarroa, 1909 - Isla Mala, Uruguai, 1997)

NEURE LAGUNAK AMERIKETATIK (1952)[53]

1
Neure lagunak Amerikatik
berso bat bijat kantatu,
esanez danok egin ziñaten
neurekin ondo portatu.
Barkazijua eskatuzen det
iñoi ein banun faltatu,
eta orain neure bizija
egin biaizuet kontatu.

2
Milla beatziegun urte pasata
berrogaita beatzigarren urtian,
Españitikan atera giñan
aorran oita zortzian.
Lendabiziko naziua zan
pasatu giñan Franzian,
Abre izena zaion puertuan
sartua itsaontzian.

---

[53] Álvarez 2007:76-77. Oscar Álvarez historialariak editatutako testua da. Ez ditugu hona aldatuko jatorrizko argitalpenean ageri dire orri azpiko oharrak; ohar horiek guztiek testuen grafiarekin dute zerikusia, gaurko irakurlearentzat testua errazagoa izan dadin eginak.

3
Egun batzuek an pasa eta
giñan onera allegatu.
Nere ustian Nazio ona
ein zaigu tokatu.
Nunai jendiak badira eta
ondo dirade portatu.
Kanbiatutzen ezpadirade
nik okin bizi naiz kontentu.

4
Emengo lana orkoetatik
dadukat diferentia,
gaueko amabietan jekita
juate[n] naiz beiek jaztia
Gero lauetan desaionatu
eta berriz lo egitera.
Beatzitan jeki, linpieza egin,
amaiketan bazkaitera.

5
Egun bei dauzkat neure kontura
eunian bi aldiz jezteko,
bi peon eta bi seme txiki
neuri lagundutzeko.
Konpromisua beatzi egun litro
eunian ateatzeko,
ondo kuidatu biarra beiek
ori ez galdutzeko.

6
Orri orrela eginda daukat
irabazija polita,
lau milla pezta illian sobra
jan da ean lasai eginta.

Orko bizijaz akordatze[n] naiz
orain au ola ikusita,
etxera gauzak ezin ekarriz
naiz ederki pagatuta.

7
Jateko ainbat ez da allegatzen
batian pagamentua,
notiziak maiz engañazeko
laister dala aumentua.
Kobratutzera illian juanda
ederra bai deskuentua,
gero jendiak lanera juanda
galanki juramentua.

8
Amabi urte pasa nituen
kalamidade orretan,
sekulan penik etzait kenduko
esaten diztu benetan.
Emen eon baniz sobraturik neukan
amabi urte oietan,
millioi erdi bat gezurrik gabe
paseatzeko zarretan.

9
Neure laguna berso onekin
egin biar det bukatu.
Gusto badezu lagun artian
egin ditzazu kantatu.
Jaunak nai badu oraindikuan
egingo gera juntatu.
Adios nere lagun guzijak
gaizki esanak barkatu.

BERTSO BATZUEK JARTZEKO (1985)

1
Berso batzuek jartzeko
enkarguan ik artue.
Nola nagon gure errian
txapelkerian sartue.
Gure euskera galdu ez dedin
aspaldin dala sortue.
Espaiñik eta Frantziak ere
edade ori eztue.

2.
Eskerrik asko aintariari
nitaz dirala akordatu.
Gusto aundikin egingo det
nik parta zuekin artu.
Sur Amerikan arkitutzen naiz,
urruti samar gertatu.
Bañan alare gusto aundikin
zuekin eingo naiz sartu.

3.
Uruguaien gertatzen gera
gu bi anaiok aspaldin.
Bañan alare gure euskera
itz eiten degu berdin.
Ogeita amabost urte pasiak
lagunduaz alkarrekin,
al dan bezela gera gu bizi
Jaunaren laguntzarekin.

4.
Milla beatzi urte pasata
berrogeita beatzian
bi fameliok etorri giñan
enbarkaturik Frantzian.
Garai arretan gosia zegon
bai gure Euskalerrian.
Gerran ibili anaian kontra,
loa egiñik lurrean.

5.
Gauza tristiak alde bat utzi
alegre bizi gaitezen.
Gure errian egun batian
nolabait geran agertzen.
Nazijotxu au ona zan baiñan
atzera a[r]i da gelditzen.
Zorra aundiak ein ditugu ta
orain legurriak artzen.

6.
Gure izkuntza aitz garbia da
eta oso atsegiña.
Erderazko itzak ez nastutzea
ein dezagun alegiña.
Askotan ala aditutzen da
alako itzaldi zikiña.
Al dan garbina egin dezagun
gure euskera bikaiña.

7.
Zuen deia artutzen det nik
orain nago ni gustora
Iduditzen zat ortxen nagola
ni zuekin nastua.
Euskeran aldi nik jarriko det
beti bai neure eskua.
Argiñarenak gaudela beti
euskeran alde prestuak.

8.
Zortzigarrena bera azkena
orain kantatzen dutena.
Beti nai den ibili zuzena
eiñez gurasoai entzuna.
Grazik Jaunari badet osasuna,
baita ere ondasuna.
Barkatu neri gaizki esana
Pakia ta anaitasuna.

9. atala
Manex Etchamendy (Esterenzubi, 1873-1960)

Pierres Lafittek (1972) eman zigun Esterenzubiar honen bizitzaren berri haren bertsoen bilduma bat Auspoa Liburutegian argitaratzeko tenorean. Gaztea zelarik Ipar Ameriketara jo zuen: hasieran Wyoming eskualdera eta handik Nevadara jo zuen gero artzain jartzeko:

"Bere bertsuetan emanen du bizitze garratz horren berri; oihan-beltz, desertu, hartz-Iehoinen orroa, ohoin basa, ... ukanen du zer aipa!
1899-an itzuli zen Ezterenzubirat, aita-amen etxerat" (Lafitte 1972:14).

Hemen Nevada bertsogai duten bertsoak jarri ditugu: hiru sorta dira. Horrezaz gain, Argentinako euskaldunei men eginte dien bertso-sorta bat era atxiki dugu antologia honetan.

NEVADAKO ARTZAINARI (I)
Airea: *Andereño bat ikusi nuen.*

1/ Amerikako mendi gainetik
artzain bat dugu aditu.
Bere atsegin bai eta penak
kantuz dauzku esplikatu.
Gazte maitea, zure solasez
batere ez naiz harritu.
Gazte denboran, toki berean,
ni ere bainaiz kurritu.

2/ Zure kantuen oiharzunak du
inarrosi Iramendi.
Umore ana eta kuraia
badauzkatzu beti handi.
Zure pertsuak ikasi tuzte
orai denek hemen gaindi.
J ainko anaren grazia beti
zure lagun izan bedi.

3/ Amerikako desertu beltzek
etzaituzte zu lotsatzen.
Ardien zaintzen, pertsu moldatzen,
duzu denbora pasatzen.
Zure sor-Ieku maiteaz zira
naski ardura orroitzen.
Orduan aise hasperen zonbait
bihotzean zaitzu sortzen.

4/ Denbora ona eta elurra
ere gertatzen denean,
Zure kozina egiten duzu
gusturik hoberenean.
Egunaz kurri ibili eta
gero gaua jin denean,
Zure ohia prest-presta duzu
berdin lurraren gainean

5/ Zure ganbara ez du argitzen
ez eletrika-argiak.
Supaster xokoño hura ez du
ikusten zure begiak.
Zeru gainetik mundu zabala
argitzen du ilargiak:
Haren medioz egiten tutzu
gauaz zure itzuliak.

6/ Guri irri bat ein-arazteko
hau ere duzu aipatzen:
Koziner finak beribiletan
ikusten tzula pasatzen.
Artzain gaizoen modura heiek
ez dira aise bihurtzen.
Baratzetako lanari ere
sudurra dute zimurtzen.

7/ Moltsa luzea beteko duzu
las ter ene iduriko.
Orduan hunat, Eskual-herrirat,
etzireia itzuliko?
Norbaitez hemen agradaturik
lagun bat duzu hartuko.
Nik kontseilu bat zuri emanik,
etzaizu ez gaitzituko.

8/ Izana gatik horgo andreak
eder eta pinpirina,
Nik aditzea badaukat beti,
hobe dela eskualduna.
Nahi baduzu izan dezazun
lur huntako zoriona,
Rauta zazu bai nexka prestu bat
eta girixtinoona.

Bortuko Aitatxi (1949)

NEVADAKO ARTZAINARI (II)
Airea: *Oihan beltzian zuñen eijer den.*

1/ Ene herritar gazte maitea,
zuri gira gu behatu.
Toki hortako penak zer diren
oro dituzu aitortu.
Beste Eskualdun anitzek ere
hori daukute salatu.
Penan direnak nahi nituzke
ein-ahala kontsolatu.

2/ Nihau ez-deus bat izanagatik,
huna zonbait hitz lañoki,
Kontseilu ona ez baita behar
utzi sekulan banoki.
Atsegin nuke, askok bezala
ongi mintzatzen banaki,
Bakotxak dakin egia hura
erran behar du goraki.

3/ Eskualdun anitz Ameriketan
artzaingoan dira jartzen.
Hor kausitzen den bizi dorpeaz
anitzak dira lotsatzen.
Mendia utzi eta hirian
zer ote zeie gertatzen?
Ez dire heiek zuek bezala
bake on hortaz gozatzen

4/ Erran daukuzu: «Penagarri da
hemen igande eguna.
Meza-sainduaren entzutea
guk ezin dezakeguna!»
Bainan bihotzez balinbaduzu
beti borondate ona,
J ainko onaren grazia segur
jautsiko da zure gana.

5/ «Desertuetan bakartasuna
dela hain lotsagarria!»
Goiti zerurat behatu eta,
zer gauza xoragarria!
Izar eder hek dirdiran daude,
izarrak ta ilargia ...
Hantik gu ganat begira dago
heien guzien Nausia.

6/ Betleemeko harpe batean
Salbatzalea da sortu.
Hango artzainak, aingeru batez,
ditu bere ganat deitu.
Heien agurra nahi izan du
lehenik errezebitu.
Artzainak zonbat maite dituen
ez dia ongi frogatu?

7/ Eskual-herrian, mundu guzian,
orotan da Jainko bera.
Ez dugu zeren izan dezagun
nehork urgulu sobera.
Uros ditake bizitzen dena
haren legen arabera.
Jeiki-erorka pasatzen dugu
mundu huntako denbora.

8/ Beti bidian goatzi oro
munduan sortuz geroztik.
Zerura heldu nahi ginduke
bakotxa gure lekutik.
Jesusek eman dauku Ama bat
gu atxikitzeko xutik.
Ama Birjina, zuk har gaitzazu
guziak zure eskutik.

9/ Jainko onaren baitan guziek
behar dugu fidantzia.
Harek segurki ezagutzen du
ongi gure flakezia.
Jesus otoiztuz, elgar maitatuz,
galde dezagun grazia:
Zori-onean goza dezagun
Eternitate guzia.

Bortuko Aitatxi. (1949)

NEVADAKO ARTZAINARI (III)
Airea: *Lili bat ikusi dut baratze batean.*

1/ Nevadako artzaina,
zure lagunekin,
Zuekin mintzatzeaz
anitz dut átsegin.
«Carson»-eko menditan
zer duzuen egin,
Esplikatzera noa
bozkariorekin.

2/ Zure azken pertsutan
dautazu aipatu:
«Guk egin ihiziaz
ez egin espantu ... »
Holakorik ez baita
oraino gertatu,
Gauza hori nahi dut
pertsutan agertu.

3/ Hartzak malur eginik
zure ardi tropan,
Ederki enganatu
duzu zure «tranpan».
han zagolarik kexu,
jarri zaizko miran
Eta zonbait piro la
sartu haren tripan.

4/ Hiru hartz sartu dira
bes te artaldera,
Han eginen zutela
gustuko afera.
Kaiet-ek, ttutta-beltxa
harturik eskura,
Hartz-ama botatu du
lau zangoez gora.

5/ Hartz-ume heiek aldiz,
ama hilez geroz,
Arbola batetarat
igan dire airoso
Amaren doluz hantik
ari ziren orroz;
Kaiet-ek bota ditu
biak bira tiroz.

6/ Artzain batek hiru hartz
oren batez hilik,
Hori aipatu gabe
nor egon ixilik?
Mañex berearekin
han baitzen bipilik,
Lau hartz ezarri tuzte
metara bildurik.

7/ Orai arrantxo hortan
badute pausia,
Artzainak, Bortiarrak,
bai-eta nausia.
Batita, izan zazu
hotan fidantzia:
Ongi zainduko dute
artalde guzia.

8/ Orotan hedatu da
nik uste Depexa:
Ihizin ein dutela
gaitzeko helexa.
Artzain maiteak, hori
ez da lan errexa.
Nik laudaturik ere
etzaiztela kexa.

9/ Elgarren estimua
atxiki dezagun.
Bake-amodioan
dautzuet nik egun.
Bai, izan gaiten beti
eskualdun-fededun,
Zeruan ere elgar
ikusi dezagun!

Bortuko Aitatxi. (1949)

ITSASOAZ BESTALDEAN DIREN ESKUALDUNERI ESKERREN BIHURTZEKO
Airea: *Andereño bat ikusi nuen ...*[54]

1/ Berriketari xarmegarri bat
horra nun zaukun etorri
Buenos-Aires Beneiuelatik
hunat daukute igorri.
Holako baten eskuratzea
anitz da estimagarri.
Berriketari maitea, zuri
bihotzez ongi-etorri!

2/ Amerikatik bidali dute
Ernandorena Jaunari;
Ernandorena Jaunak leialki
hel-arazi dauku guri.
Erran zahar bat bada eskuaraz:
«Oilo gosea kantari!»
Ni ere Jaun hek goretsi nahiz
lotzen naiz neure lanari.

3/ Zer berri onak izan ditugun
erran behar dut erori.
Hango anaiak fidel daudela
eskualdunen banderari.
Ikas-etxeak edo eskolak
omen dituzte zer nahi,
Gure eskuara erakasteko
nahi duten guzieri.

---

[54] Hauxe da Antonio Zabalaren oharra: "Airea: Sallaberry, 220; 121 orri-aldean".

4/ Haritz ondoen ezkurretarik
beti sortzen da landare.
Eskualdunaren arraza, nasai,
hedatzen zauku han ere.
Hola segituz ez nindaiteke
ez ni estona batere,
Ameriketan Eskual-herriak
laster izaiten balire.

5/ Anitz atsegin egingarri da
orai jakiten duguna:
Aiten oidurak fermu atxikiz
bizi dela eskualduna.
Gure mintzaiaz elekatzeko
hemen ahalgez dagona
Eskuara ongi estimatzeko
joan bedi hoikien gana.

6/ Hango berrien guri heltzeko
igorri dute *Argia.*
Gainetik eta behereraino
dena eskuara garbia ...
Amerikatik *Argia* eta
Eskual-herritik *Herria!*
Batasunaren atxikitzeko
guretzat zer lotkarria!

7/ Bai zorigaitzez jakin duzue,
gure anaia maiteak,
Zer hersturetan eman gituen
gerla horren izaiteak.
Gose direnak ez tu asetzen
gerlaren egitateak:
Jende guzien urostasuna
eiten du karitateak.

8/ Berriez eta karitateaz
ere zirezte orroitzen.
Zinez eskualdun eta bihotz-dun
gure alderat agertzen.
Hemen sofritzen duten jendeak
dituzie sokorritzen,
Gure eskerrak bihotz guziaz
daukitziegu bihurtzen.

9/ Beste anaia batzu baitugu
urrun arrotz-herrietan:
Afrikan, Xinan, Ameriketan,
erres urna guzietan.
Sor lekuaren amodioa
badaukate bihotzetan.
Karitatea egiten dute
heiek ere arimetan.

10/ Misionest heiek ez ditut uzten
aipatzea ez balioz.
Salbaietako heien obra da
oroz gainetik balios.
Beren bizia hartua dute
anixko sofrikarioz.
Oro ixilik jasaiten tuzte
Jainkoaren amodioz.

11/ Jenden artean gertatzen diren
makur eta desmasiak,
Egiten di tu amo dio ta
errespetu eskasiak.
Gauden bihotzez gu Eskualdunak
beti elgarri josiak,
Bake gozo bat eman dezaukun
Zeruko gure Nausiak.

Mañex Etchamendy (1949)
Herria-n agertua.

10. atala. Mattin Etchamendy (Esterenzuby, 1939) artzainaren bertsoak

NABO elkartearen onurak azaltzean Mattin esterenzubiarrak kontatzen du aukera ematen duela Ipar Ameriketan bizi diren euskaldunen artean maitasun berriak sortzeko; alegia, bikote berriak sortzen direla eta, ondorioz, jatorri euskalduneko pertsonen artean ezkontzak ere bai. Gai horri bertsoak jartzeko eskaera jaso omen zuen Mattinek eta bertso batzuk paratu ere, bere liburuan azaltzen duenez:

"Gazte batek galdegin zautan suiet horren gainean heia pertsu zonbait emaiten ahal nituenez. Orduan idatzi eta kantatu gintuen pertsu hauek Maiterexak eta biek Iparreko Ibarra deitu Euskal Etxean, Kalifornia iparraldean, Nevadako mugatik ez hain urrun:

KALIFORNIAKO «EUSKAL ALABA»

Kalifornia aldean, Piknike batetan
Andereño bat zagon, gazte lorietan
Irri erkaitz batekin, alegrantzietan
Maitasunez egarri, gogoz amentsetan.

Agur andereñoa, agur bihotzetik
Besta huntara nator, egun Nevadatik
Zure begi ederrak, ikusiz urrundik
Ez nindaiteken egon, hurbildu gaberik

Galde ote dezaket, errespeturekin
Nor ote zaitudan zu, ahal nuke jakin
Kaliforniako naiz, konplimendurekin
Euskal odola daukat, kultura berekin.

Nevadako menditan, bada ainitz lore
Bainan zure parerik, ez da nihun ere
Artzain uros naiz bainan, maiteñorik gabe
Izan ote zindaizke, ene maitatzaile.

Mutil gazte airosa, aisa mintzo zira
Zure solas aldia, egia ote da
Guzien sinestera, ez naike mentura
Ez dut hola emango, ene maitasuna.

Zure begi urdinen, behako ederra
Ikara batekin zait, heltzen bihotzera
Lore miresgarria, otoi kontsidera
Nevadan artzain batek, maite zaituela.

Andere amorosa, zato nere gana
Maitasun berri hunen, biziaraztera
Nere rantxo maitea, arra loratzera
Nevadako zeruen, alegeratzera.

Urriko ilabetea, 2010, «Iparreko Ibarra» Euskal Etxean
Doñua «*Ene maite polita ez nauzu maitatzen*»[55]

[…]
MENDEBALEKO ARTZAINA[56]

Artzaingoaz banoa, egun kantatzera
Neure bizi moldeaz, parte emaitera
Ene alegrantzia, errepartitzera
Bizi xoragarria, artzaingoa baita.

[55] Etchamendy 2012:211-213
[56] Etchamendy 2012:253-254

Ipar Amerikako, mendebal haundian
Artalde asko dabiltz, gau egun mendian
Eskualdun seme zonbait, heien ingurian
Gabiltz libertatian, bihotza lorian.

Ekaldean delarik, zerua argitzen
Naturaleza oro, betan iratzartzen
Artzainan orduan du, mendia agurtzen
Egun berri bati da, bozkarioz lotzen.

Mendiz mendi badoa, ororen errege
Ingurumenarekin, arras adixkide
Xorien kantoreak, bihotz alaitzaile
Bizi sano batentzat, hartuz erakasle.

Artaldea alatzen, ibiltzen naiz gostuz
Bazka leku onenak, heientzat bilatuz
Lanjerra den tokitik, ahalak beiratuz
Libertate osoa, heiekin zatituz.

Gaua denean jeusten, elgartutzen gira
Su baten inguruan ardiak neri beira
Xakurrak karesaka, heldu zait ondora
Jauna eskertzen dugu, zeruari beha!

11. atala
Pedro Juan Etxamendy (Arnegi, 1914 – Kalifornia, 2002)

Euskaldun odola Ameriketan
Airea: (7) [57]

Ibiltzen dut askotan zenbait pentsaketa:
nolakoa den Norte Ameriketa;
hunat jin nintzan Euskal Herria utz eta,
izan nuelarikan zerbait errekesta;
Euskal jende kasta,
ona ta onesta,
laguntzaile presta,
ni ere lagundu, dudarikan ez da.

Oraintxe zerbait erran beharrez nabila,
gogoan dut gure euskaldun odola:
Euskal Herritik noizbait hazia jin zela,
hemen ari hedatzen iduri arbola;
nik banu ahala,
Jainkoak bezala,
jakiteko nola
sartu zen Amerikan gure odola.

---

[57] Bertso hauek *California'ko bertsolari eta musikari* liburutik hartuak daude eta bertako liburuaren hondarrean "aireak" edo bertsoak kantatzeko edo musikaz interpretatzeko pentagramak ageri dira. Pentagrama bakoitza "aire" edo doinu bati dagokio, eta zenbakiz ageri dira. Hemen aire horien zenbakiak altxatu nahi izan ditugu, nahiz eta pentagramak ez erakutsi, gutxinez erakusteko badirela doinu egokiak bertso hauek abesteko.

Euskal herrietarik etorri haziak
frutaz betiak ditu bazter guziak;
euskaldunen ume ta umien umiak
aunitz bazterretarat dira hedatiak;
giraden guziak,
gizon ta 'maztiak,
zahar ta gaztiak,
euskal odolez tugu zainak betiak.

Nor ote ziren nago usu pentsaketan
lehen euskaldunak sartu leku hotan;
bazutela kuraia dudarik ez ukan,
kontrarioak zuzten bazter guzietan:
indio edo Satan,
egunaz t'atsetan
etsaiak orotan;
euskaldunen kontra oro debaldetan.

Eremu haundietan orai bagabiltza,
Ameriketako euskaldun arraza,
lehenikan jin zenak kus ahal balitza,
heier eskerrak orai bizi modu gaitza;
zonbat zen bortitza
orduko bizitza
batek kus baleza,
doloretan jar litzaioke bihotza.

Gure odol huntarik zainetan dutenak,
mundu guzian dabiltzan euskaldunak;
nahiz Euskal Herritan dauden gehienak,
beti lotzen batzuer joaiteko minak;
gure Jainko Jaunak
ez gaitu eginak
guziak berdinak;
bainan zeruan hartzen denen arimak.

(1976)

Euskaldunak gira
Airea eta hitzak: P. J. Etxamendy (88)

Ameriketan gira bainan gira euskaldunak,
euskara guri erakutsi aitak eta amak;
euskaldun ohidurak dira sano eta onak,
horiek guziak guretzat aberastasunak.

Dantza, kantu, soinua eta musa ta pilota,
horiekin batian beste asko joko mota;
lanian ere euskalduna hoberena baita,
elgarri'iten dugu ere lagundu ta maita.

Baliosa duguna ere da gure mintzaira,
bazter guzietan euskaraz jeloskoan dira;
euskara mintzatu gostuan ta atxiki gora,
euskaltasunaren arima hura da euskara.

Chino'ko Klubaren 25garren Piknika
Airea: Airea: (32) edo (115)

("Piknika" amerikanoen "picnic" hitzetik dator eta urtero
euskaldunen artean egiten diren udako jaieri esaten diegu;
edo "pikinia" ere esaten da eta bizkaitarrek "pikinije"
esaten dabe. Chino hego California'ko hiri bat duzue, non
badiren euskaldunak behi ta esnetegi aundien jabe.)

Ttiki ta haundi, gazte ta xahar, eriak ala sendoak,
nondik nahitik jinak zirezten euskaldun odolekoak,
beste edozoin arraza berdin eta nungonahikoak,
Chino'ko Klubak dauzka orori zabal zabala besoak,
eta lehenik eskeintzen ditu orori agur beroak.

Chinoko Kluba hunen sortziak ditu hogoita bost urte,
euskaldun kuraios multxo batek zutik ezarria dute;
geroztik ba'itu laguntzaileak, bai gizon ta bai emazte,
hor okupatzen diren guziek mereximendu badute,
esku onetan dagola beti dudarik ez egin bat'e.

Apez jaun hauek iten dauzkute zerbitzu arras beharrak,
Chino'ko Klubak ez ditzan galdu bere usaia xaharrak;
otoitz, kantu, prediku ta soinu alegerarik bazterrak,
horiek oro nahiz itzuli gure Jaunari eskerrak,
eta galdatuz gure xedeak ez diten izan alferrak.

Bestaren prestatzaileri ere konplimendu bereziak:
koziner, jantzari, soinulari, baita're beste guziak,
sort lekutik urrun jinak batzu, hemen sorturik bertziak;
ez bagira're guziak arras molde berian haziak,
orok euskaldun odola dugu ta oro ongi heziak.

Meza hunekin besta hasi da serioski eta prestu,
haste on batek gauza guzietan emaiten du beti gostu;
eta oraintxe Chino'ko Klubak bi hitz erran nahi ditu:
ongi jan-edan, oneski josta ta elgarrekin goxatu,
milesker dener jin zieztelakotz ta egun on bat pasatu.

Chino'ko 31garren Piknika Airea

Egun ikusten dut hor hoinbeste euskaldun,
girixtino maiteak, Jainkoak egun hun!
Maite dugun meza hau da segur ezagun,
Klubaren partez ere hauxe erran dezagun:
agurtzen zaituztela oro hemen egun.

Nahiz ez diren hemen euskaldun elizak,
plazer haundia dauku euskarazko mezak;
euskara garbiz kantu, prediku ta otoitzak,
batzuek erabiliz hortako lan gaitzak,
eskerrak hartze ditu Tillous jaun apezak.

Untzi bat betez geroz gehiago emanta,
soberakina handik kanpo joan baita,
zonbait euskaldun ere, bizi nahi eta,
sort lekutik johaiten leku eta lanketa,
bainan euskaldun zintzo beti egoiten da.

Euskal herritik kanpo joan euskaldunak,
ta heien odoletik etortzen direnak,
zonbat diren ezdu er'ten ongi dakienak;
otoitz egin dezogun, gure Jainko onak
begira gaitzan eta benedika denak.

Klubak baitu besta hau odrian ezarri:
kantu, soinu, dantza ta aunitz ikusgarri;
ta oroz gainekoa Chinon Besta Berri,
ez da ere deus eskas izanen hor sarri,
Klubaren partez orai «besta hun» orori.

Chino'ko Pikinika
Fededunen otoitza Airea:

Gauza jakina munduan beti zerbait ari da gertatzen,
duela hogoita hamar urte Chino'ko kluba sortu zen;
geroztik hunat azkartuz doa ta beti badoa zuzen,
ta bihotzetik zaituzte egun hemen guztiak agurtzen,
hemen guztiak agurtzen.

Ene bizian gustatu zeraut batzutan kantuz artzia,
Chino'ko klubak nahi izan du pertsu batzu kantatzia;
zertaz duen klubak arrangura ez da ixtorio luzia:
bihotzetik duela agurtzen hemengo jende guzia,
hemengo jende guzia.

Meza hunekin hastia besta hau dugu usaiakoa,
otoizten dugula serioski euskaraz gure Jainkoa;
jaun apez euskaldun hauer esker da meza hau holakoa,
orok eskerrak zor diozkategu, hori duda gabekoa,
hori duda gabekoa.

Euskal kultura, euskal mintzaira, bai eta euskal arraza,
Ameriketan N. A. B. O.'ri esker oro ongi badabiltza;
horren gidatzen ari direnek egiten dute lan gaitza,
denen eskerrak hartze dituzte ta Jainkoak lagunt bitza,
ta Jainkoak lagunt bitza.

Aitortu nahi dauziet hemen, jaun-andere euskaldunak:
Chino'ko kluba uros da egun ikustian ziek denak,
hoinbeste adiskide hun hemen alde guzietarik jinak,
klubak milesker dauzie dener, hori zaudezte jakinak,
hori zaudezte jakinak.

Besta huntan okupatzen diren presuna guziak egun,
denen gostua egin beharrez ai direla da ezagun;
laudorioak hartze dituzte ta errespeta ditzagun,
ta orai klubak dio deneri: pasa zazie besta hun,
pasa zazie besta hun.

(1997)

12. atala
Juan Cruz Arrosagaray (Luzaide, 1905 – Pomona, Kalifornia, 1994)

Center for Basque Studies-eko liburutegiko artxiboan dagoen argazki bat.

ZAZPI URTEZ NERE BIZIAN (1935-1941)
II. BIGARREN PARTEA
Aire edo Doñua: *Oi/ anda gazte moko fier bato*

1.-
Zazpi urteren ene bizitza eman berri dut bertsutan,
Heien eskasak emanen ditut orai hasi naizen huntan;
Turista gisan sartu bai nintzan berritarik Amerikan,
Sei hilabeten permisionia ukan nuen bakarrikan.

2.-
Denbora hura bururatzian eskatu beste seiena,
Erraxki eman zautaten behin bainan hartan zen azkena;
Gero ez jakin norat jokatu, gerlan zen mundu gehiena,
Hobendun gabe urrikari zen ene hersturan zagona.

3.-
Ene etsaiak oraino hala zirela jakin bai nuen,
Gizon espresa omen zaukaten ezarria Washington-en;
Bi aldiz ene jujamendia han pasatu izan zuten,
Eta etsaien mutila beti han ene kontra bozkatzen.

4.-
Orduko hasi nintzen ni ere harat hedatuz apela,
Washington-erat gidatu nuen ene defentsa leiala;
Zuzen kontrako bataila hura jarraiki behar nuela,
Arrazoin gabe manera hartan atakatzen nindutela.

5.-
Eztabadako ezin bestean joan ziren hiru urte,
Pasaporterik ere ez nuen balio zuenik bate;
Espainiako gobernua zen hemen Konsularik gabe,
Pazientzia hartu beharko denbora hobe jin arte.

6.-
Kausa bizirik idukitzera ari zen ene defentsa,
Denborarekin sanja zaikela ene aldera balantza;
Urrundanikan ezagun zela argizari esperantza,
Konserba nion nuen bezala ene zuhurtze baliosa.

7.-
Bakersfield-en hasia nintzen, gero sanjatu Fresno-ra,
Beste pausuan urrundu nintzen negozioz Estockton-era;
Lau mila bildots bai nituen han ekarriak bazkatzera,
Inmigrazio txakurrak beti segi ene errestora.

8.-
Batian galde, edo izkiria ehun mila kestione,
Abaildurikan ninduten beti kriminale baten pare;
Beharrik nuen poliz-rekorra nihun tatxarikan gabe,
Jende onestak sofritu behar tzarren gatik hala ere.

9.-
Galde egin ta joan beharko heiek manatu bezala,
Ikusten nuen saltsa handian nahasirik nindutela;
Halarik ere guduka segi borrokarien gisala,
Pentsatzen nuen noizbait bederen nagusituko nintzela.

10.-
Esperantza han arribatu zen nonbaitikan azkeneko,
Ene etsaia bere kargutik joan zelarikan kanpo;
Abisa nuen orduan izan lanari berme lotzeko,
Delib~roak prepara nitzan Canada-rat jalgitzeko.

11.-
Lehen urratsak egin behartu oraino San Francisco-ra.
Inmigrazioko xefa handien bekoz-beko mintzatzera;
Eta gainera Español Konsul berria ezagutzera,
Handikan nuen segida hartu jalgitzeko Canada-ra.

12.-
Bidaia hura hasi bai nuen beldur ikaran treinian,
Abenduaren zazpi arratsa ni Canada-rat heltzian;
Oroitgarriko eguna baitzen mal uros mundu guzian,
Japonak zuen gure armada sutan errautsi ordian.

13.-
Ni Canada-rat partitze hartan, nerekin nuen beldurra,
Hamar egunen eman zautaten permisa neure eskura;
Egun heietan ardiets nezan Permanent *Visa* segurra,
Bestela berriz jinen zitzala inmigrazioko txakurra.

14.-
Urran goizian bederatzitan ene Konsulan sartzia,
Isilik eta serios zagon hango langile guzia;
Radiotikan mintzo zitzaukun gure President noblia,
Japona-rekin gerlan gindela abisatzeko mundia.

15.-
Jaun Presidenta isildu eta bakotxa bere lanari,
Atsegin nuen etorri zela berehala ene aldi;
Han presentatu nindutelarik Konsulako nausiari,
Arratsaldeko ene paperak zuzen zituen ezarri.

16.-
Canada nuen gibela utzi hamargarren egunian,
Eta Estados Unidos-etan sartu leihaltasunian;
Konsolamendu handia nuen pena guzien burian,
Bainan galduak ezin atzeman sekulan ene bizian.

17.-

Abokat, Juja eta jendaki, traidoren gradokoak,
Malurra eni eginez nahi salbatu zuen buruak;
Bainan oroitu gaizki eginak ditu ondotik doluak,
Merexi arau gaitzala oro jujatu gure Jainkoak.

1974.eko Apirilaren 10ean eginak.

Ondorengo bertso-sortaren aitzinean azalpen bat zekarren
Juan Cruz Arrosagaray-ren hitzekin. Badirudi Juan Cruzek
Satrustegi jaunari eskatzen diola Laffite jaunari igorri ziezaiola
lana. Argitzen du, baita ere, Nevadako Unibertsitateko Euskal
Ikasketen Zentroan argitaratu zutela jada:

"AGUR BAT EUSKALDUNER
1969. Uztailaren 19. Remen heldu da kantu kopia bat «Agur
bat Esukalduner» deitua, nik joan den urtean egina, eta orai
publikatu da lehen aldiko Nevada Unibersitateko euskal
istudioen bigarren edizionean. Ene ideia laike zuk igortzea zure
adiskide Lafitte jaunari *Herria* kazetan ager dezan ahal bezain
laster, zeren nik igorri eta ez dute menturaz artarik hartuko.
Gainera ene plazerra laike heldu diren bezala bi sailetan ager
diten kazetan, orduan kazetatik moztu eta fotokopiak egiten ditut
hemengo usaiako paperetan.

Ez dakit hau konprenituko duten. Lerro batean ezarriz, sail
batean, luzegi heldu da gure usaiako papelean kopia egiteko"[58].

---

[58] Arrosagaray 1983:149-151. Ondorenean Nevadako Unibertsitateko euskal
ikasketen zentruan egindako iragarkiaren testua ageri da, ingelesetik
gaztelaniara itzulia, Diario de Navarrako euskarazko orrian agertu zen bezala:
"*(23)NEWSLETTER, July* 1969. *En nuestra primera edición de la revista
«Newsletter» invitamos a nuestros lectores a mandarnos cualquier artículo de interés, para
su posible inclusión en futuras ediciones. Recientemente, el Sr. Arrosagaray de Pomona,
California, respondió componiendo diez originales versos, generosos en el elogio de Estudios
Vascos. Nosotros deseamos agradecer al Sr. Arrosagaray su pensamiento y entusiasmo.
(Ingelesetik itzuliak)
Ikus: Príncipe de Viana* (Iruñea, 1969) Urria; *D. de N.*
Nafar Izkuntzan Orria, 15.1.1970."

1.-
Agur bat Eskualduner noa erraitera,
Iratzar gaiten oro arai da denbora;
Eskualdunen ixtoria doatzi emaitera,
Ensega gaiten orai haren ikastera.

2.-
Berri noblia baitut izan Nevada-tik,
Lan hartan okupatzen den buruzagitik,
Eskualdunen ixtoria segur oraikotik
Emanen daukutela ongi prestaturik.

3.-
Atsegin haundi bate k piztu daut bihotza,
Ikusiz heldu dela Eskualdun amentsa;
Ixtoriain agertzia izain da baliosa,
Bere lekian ezarriz Eskualdun arraza.

4.-
Eskualdunak aspaldi daude Amerikan,
Kolonbus-ek lagunak zituen gutarikan;
Zertako utzi behar egia gorderikan,
Ixtoriak izatekotz justiziarikan?

5.-
Ixtoriain agertzia da gauza prudenta,
Egiak izkiriatu, gezurrik ez konta,
Eskualdunen bizitza nekosa izan baita
Langile onest eta kuraiaz puxanta.

6.-
Ezin ahantz ditazke Eskualdun zaharrak,
Bizitza gogor hartan hek egin indarrak;
Ardura bustirikan izerdiz bizkarrak,
Lan aunitz egin eta irabazi txarrak.

7.-
Halare bazauketen laneko bertute,
Bizi moduarentzat beti borondate;
Oraikoak hainbertze intresa baginte,
Eskualdun ohidurak konserba litazke.

8.-
Gure Aitattoetan har dezaun etsenplu,
Heiek bezala beti deborrak konplitu;
Gure obra guziak Jaunak kusiren tu,
Heien araberara jujaturen gaitu.

9.-
Esker emaiten diot Doctor Douglass-eri
Bai eta haren lagun diren guzieri;
Eskualdun ixtoria jalgi zaten garbi,
Erakusteko zuzen ez dakiteneri.

10.-
Hemeretzi ehun eta hiru-hogoi zortzi,
Eskualdun gidarier dauzuet goraintzi;
Hasi duzien lana dezazuen segi,
Eskualdunen izena bizi dadin beti.

(1968an.)

CHINO-KO EUSKALDUN BESTA (II)[59]

Airea: *Iruneko ferietan...*

Euskaldunfidel,1973.ean.

1.-
Programa da orai has ten
Guziek ikus dezaten;
Arbasoen dantzak ditu
guk hemen erreberritzen, *la-lai,*
Hartako utzi zauzkuten,
Sekulan ahantz ez diten.

2.-
Aitzinez banderariak,
Haier segi dantzariak,
Xuri-beltx-gorriz jauntzirik
bi lerrotan formatiak, *la-lai,*
Zer gauza xarmagarriak,
Oro Euskaldun umiak.

3.-
Ondotik musikariak,
Tanbor ta kleronariak;
Hoien arrabotsak gaitu
airosten bazter guziak, *fa-fai,*
Bonet-gerriko gorriak
Hain dire xoragarriak.

---

[59] Arrosagaray 1983:165-168. Chino (Kalifornia) auzoko euskal etxean ospakizunak egin izan dira urteetan eta urteetan eta horren kariaz hauxe da Juan Cruz Arrosagaray-k egindako bigarren bertso sorta. 1970eko abenduaren 20an konposatu egin zuen. Jose Mari Satrustegi (1930-2003) apaiza, idazle eta ikerlariari igorri omen zion bertso-sorta hau hasierako sarrera batekin (antologia honetan ez dago), *California-tik kantuz* liburuan ageri dena.

4.-
Euskaldun besta da egun,
Horgatik erran dezagun:
Plazer dugu ikustiaz
hemen hoinbeste ezagun, *fa-fai,*
Nor nahi bezen gire on,
Gauden gu beti Euskaldun!

5.-
Euskaldunak zireztener,
Galdatzen dut orai zuer:
Gure mintzaira erakuts
beti gure ondokoer, *fa-fai,*
Hori egiten duzuener
Desira dut zema dener.

6.-
Egin bide nola bete
Aunitzek ahantzi dute;
Euskal mintzaira haurreri
irakusten ez ba dute, *fa-fai,*
Ait'ama horiek segur
Purgatoriak behar duzte.

7.-
Aditzaileak, barkatu
Hemen dudana kantatu,
Mendi-zelai ta erreka
orotarik **dut** kurritu, *la-lai,*
Nehon ez naiz ni uzkurtu,
Ez Euskalduntza ukatu.

8.-
Hau da egungo suieta:
Chino-ko Euskaldun besta;
Horren gatik izana dut
bertsu hauen errekesta, *la-lai,*
Gauza ederrena baita
Gaiten oro hemen josta. *(amen)*

EUSKALDUN ELIZA BESTA
BAZKO ZAHARREZ CHINO CALIFORNIAN[60]

Airea: *Ttiki ttikitik aitak et'amak ...*

1.-
Kantatu gabe ez diot utzi, eman dautaten suieta,
Ez naiz jakintsun bainan hontako borondate ez dut falta;
Euskaldun orok bozkariotan ditzagun oraintxe kanta,
Oroitgarria izan dadien aurten Bazko-zahar besta.

2.-
Honen gainean mintzatu gabe ez naiteke orai egon,
Eliza besta xoragarria kusi dugu egun Chinon;
Gizon-emazte, zahar ta gazte, orotarikan baizagon,
Ederragorik ez dugu uste jalgi ditakela nehon.

3.-
Euskaldun meza miresgarria hasi bederatzietan,
Tenore gabe aunitzak beha ginauden Eliza bortan;
Gure artzaina jalgi zauku hor ederki apaindurikan,
Klikak lagunduz sartu Elizan musikaren errepikan.

4.-
Meza guzia kantu ta otoitz Euskaraz garbi ginduen,
Gure mintzaira pratikatzia ohore da Euskaldunen;
Oraiko artzain honen parerik ez dugu ez izan hemen,
Bera kantari ederra eta artaldia're lagun zuen.

5.-
Gure artzainak erakasbide onak eman tu goizian,
Artaldeari mintzo zelarik, federik hoberenian;
Erlisionia zonbat behar den gure munduko bizian,
Haren erranak altxa ditzagun sendo gure bihotzian.

---

[60] Arrosagaray 1983:169-175. Berriz ere Chinon egin zen ospakizun baten bueltan bertso jarriak. Kasu honetan euskarazko mezari eman zion garrantzia eta horrek poztasuna eragiten dio egileari, bistan denez.

6.-
Artzai onari gostu emaiten bere artalde ederrak,
Horgatik eman dauzkigu egun fedez etsenplu zilarrak,
Jarraik ditzagun garbi ta onest beti guk egin beharrak,
Ordainez orai eman ditzogun bihotz erditik eskerrak.

7.-
Artaldearen atsegin haundi artzain ona izaitia,
Harek badaki behar orduan zer den gure gutizia;
Goizian barur iduki gatik, eginez penitentzia,
Ondotik dugu jan-edateko ostatu pare gabia.

8.-
Atsegingarri hola ikusiz elgarrekin Euskaldunak,
Holaxe behar ginduzke beti mundu hontako egunak;
Baina ez lokar, tronpa ez gaitzan filusen ele legunak,
Irriskutarik salba gaitzala gu beti Ama-Birjinak.

9.-
Ondar bertsoan gomendatzen dut Aita Sallaberremborde
Arima onen zuzen bidean gida gaitzan berriz ere;
Guretzat egin lan baliosen desira diot ohore,
Azken orduan zeru gainerat Jaunak hartu dezan bere[61].

Zuen zerbitzari
1974-ko apirilaren 21-ean.

---

[61] *Herria* aldizkarian ere argitaratua, 1974-VI-6, Jose Mari Satrustegik adierazi zuenez.

13. atala
Katea ez da eten. Euskal Diaspora bertso eta abestietan gaur egun.

2009an Iparraldean sortutako taldea. Zenbait festa animatzen ibiltzen dira zuzeneko emanaldietan. Abestien letra gehienak herrikoiak edo beste batzuek idatzitako letra ezagunak dira, baina badira batzuk taldekide batek, Frantxo Juanikotenak, paratuak.

Ameriketan bizia egin duten emazteentzat

Bertso batzuek kantatzekotan
tenorea da etorri,
adiskide ta artzain mundua
bildurik hemen elgarri.
Gaurko eguna izan dadila
guzientza pozgarri.
Agur ohore ta laudorio
denoi ongi etorri.

Urte guziez bezala beti
artzain besta da ospatzen
piknika hunek Beran bati gaitu
denok hemen elkartzen.
Mundu huntarik joanak diren
artzaienz gira oroitzen
Agur Mari bat dugula denak
heieri gaur errezatzen.

Garai batean joan zinezten
zuek Ameriketarat.
Gehienbat zinten gizon gazteak
urrungo bortuetarat,
bainan baziren hemen ezkondu
joanak leku horietarat,
Euskal Herria bihotz minetan
harat lana egiterat.

Emigrazio historioan dugu
aipatzen gizona,
bainan guttitan entzuetn da
bere biziko laguna.
Artzain bakoitzak bere buruan
desiratzen baizuena,
ez zaiken izan denontzat segur,
emakume euskalduna.

Zonbaitendako indar haundia
izan du amodioak,
Hemen utzirik familiako
lagun eta auzokoak.
Nahi nuek jakin nola zitzaizken
aita eta aman malkoak,
oroitzapenak dauden saminak
dakiena Jaunkoikoak.

Emakumeak orainokoan
behar dut orain aipatu.
Hemengo bizimodua utzi,
hangoa zinuten hartu.
Segur naiz gogor izana dela,
dezagun denek onartu,
zuen burua euskal herritik
ez zen sekula aldatu.

Zuen haurrei Ameriketan
transmititu euskaltasuna.
Gure kultura, gure hizkuntza,
guk dakigun nortasuna.
Zer exenplua familietan,
irakatsi duzuena!
goraipatuz ni hago hemen
naparra eta euskalduna.

Emazte hauen izenak daude
hemen denno gogoetan.
Omenaldi hau egin izan da,
egun zuen ohoretan.
Erregalua ez da sobera
zuen han egin lanetan,
Ama Birginak onar dezala
Berako eliza huntan.

Gizon maiteak zorretan gaude
nehor ez da dudatuko.
Emazte hauek egin laguntza
noiz ote da ordainduko?
Tenorea da jino esku hala
zuei hor zabaltzeko
eta momento berean denek
txalotuz guk eskertzeko.

Pantxo Jaunikotena
Banka

Urriaren 3an, Berako artzain bestean emigratu zuten
emakumeei jarritako bertsoak.

Ondorenean "Euskal Artzainak Ameriketan"[62] delako elkartearen jarduraren inguruan zenbait sorkuntza batzuk erakutsiko ditugu.

EUSKAL SHEEP COMPANY
(*Egilea: Neli Yanci, Narbarte 2008*)

1) Gazterik joan ginen
   Ameriketara
   Dirua irabaztea
   Zen gure ametsa
   Karro-kanpo bihurtuz
   Hango gure etxea
   Zaldian gainean,
   Zakurrak ondoan,
   Borregak inguruan.

   Euskal Sheep Company gera
   Ameriketan egonak artzain
   Elkarrekin idatzi genuen
   Historiaren zatitxo bat.
   Langileak ta zintzoak,
   Ausartak, fededun ta leialak
   Euskaldunon izen ona
   zabaldu genuen
   GORA ARTZAINAK!!

---

[62] Web-gunerik ez duten arren, Facebook-eko sare sozialean badute elkartearen azalpen labur bat: "Ameriketako Estatu Batuetan azken 150 urteetan lan egin eta bizi izan diren euskal artzainen bizimodua eta ondarea jasotzeko eta ezagutarazteko elkartea da Euskal Artzainak Ameriketan.", in https://www.facebook.com/Euskal-Artzainak-Ameriketan-106758232726704/about/?ref=page_internal

Diasporako bertsoak

2) Garai hartako egunak
   Dauzkagu oroimenan
   Gure bizi modua
   Hain zen berezia
   Ustekabean noiznahi
   Aditzen genuen
   Kaskabel soinua,
   Koioten oihua,
   Ta lehoien orrua.

   Euskal Sheep Company gera
   Ameriketan egonak artzain
   Elkarrekin idatzi genuen
   Historiaren zatitxo bat.
   Langileak ta zintzoak,
   Ausartak, fededun ta leialak
   Euskaldunon izen ona
   Zabaldu genuen
   GORA ARTZAINAK!!

3) Mendiak zeharkatuz
   Joaten zen urtea
   Urrun zeuden lagunak
   Urrun etxekoak
   Hango hizkuntz arrotza
   Ulertu nahi ta ezin
   Han bakardadean
   Bihotza etxean
   Itzultzeko ametsetan.

   Euskal Sheep Company gera
   Ameriketan egonak artzain
   Elkarrekin idatzi genuen
   Historiaren zatitxo bat.
   Langileak ta zintzoak,
   Ausartak, fededun ta leialak
   Euskaldunon izen ona
   zabaldu genuen (BIS)
   GORA ARTZAINAK!!

2012an Iruñean Euskal Artzainak Ameriketan elkarteak antolaturik, ospakizun bat egin zen eta bertan artzain izandako adineko batzuei egin zitzaien[63], tartean Santiako Prestori. Horren kariaz Xabier Euzkitze bertsolari ezagunak bertso batzuk paratu zizkion eta elkarteak gorde egin eta guri helarazi:

Lintzoaingo Motxaña
etxean sortua,
mutiko zinenetik
lanari lotua.
Jasan zenuen tifus
madarikatua,
xehatu zintuela
ezin ukatua,
debruarekin egin
zenuen tratua.

Hogeita bost urtetan
Ameriketara,
Nevadako menditzar
basa haietara.
Koiotea ere maiz
joaten da hara,
artzain bizimoldea
zinez gogorra da,
baina zu, Santiago,
euskalduna zara.

---

[63] http://www.euskalkultura.com/euskara/albisteak/ehundaka-amerikano-bildu-ziren-irunean-euskal-artzainak-ameriketanek-deiturik-artzain-ohien-urteroko-festan

Artzaintzan, ikazkintzan
eta abeltzaintzan,
lanik gabe ez zara
libratu bizitzan.
Lan hori eskertzeko
bidezko den gisan,
tori bertso sorta hau,
alegera zaitzan.
Milesker, Santiago!
Zoriontsu izan!

NERE JAYOTZE ERRIYARI
(zortziko)

Bernardo Yanci[64], Lesakatik Ameriketara joandako
euskalduna, musikaria eta Euskal Diasporan eragilea izan dugu.
Ameriketan zegoelarik, bere jaioterriari, Lesakari, bertso batzuk
paratu zizkion, han bizi arren bihotza bere jaioterrian zuela
adieraziz.

Beriyoko zubitik sartuta Lesakara abiatzian
orgo ezpelen usai goxo zugaitz gaztiak bazterrian
pixka bat aurrera juanta ermita xarra pasatzian
ortxen dauka gure Lesaka bistan lore bat bere baratzian
nola ez daukazun parerikan zuk mundu guztian

Bestte ere izanten dira nonai kopare edo obiak
akordeoniariyak musiko dantza zarrak dira guriak
goizetikan ortxen dabiltza kalietan txistulariyak
aztutzen dirade naigabiak pozik orrela ikustiak
emendik dabiltza denak saltoka zar eta gaztiak

---

64 http://www.euskalkultura.com/euskara/oroimenean/bernardo-yanci

Fraingainko kaskora juanta rotikan daude bista argiyak
bertatik ikusten dirade ainbeste alboko erriyak
oraindik suelto dabiltza biorrak, beyak ta ardiyak
modu askotan laguntzen digutenak mendi maitagarriyak
gu ere gera bere oñetan jayo ta aziyak.

Lesaka Lesaka da gure erriya
ezin det topa beste toka bat ain zoragarriya
Lesaka, Lesaka, Lesaka Maitea

Bernardo Yanci (Lesaka, 1926 – Boise, 2016) Boiseko
Basque Museum-en web-gunetik[65] hartua

---

[65] https://www.basquemuseum.com/content/bernardo-yanci

NERE JAYOTZE ERRIYARI
(zortziko)

Bernardo Yanci

Be   ri   yo ko   zu gi tik   sar tu
Bes ta   e re   i   za ten   di ra
Fraingain kokas   ko ra ju   an ta

ta Le sa ka   ra a bi tzi an   or go ez pe len u sai goxo   zu gaitz gaz ti ak
no nai ko pa   re e do obi ak   a kor deorla ri yak mu   si ko   dan tza zarrak di
or ti kattau   de bis taur giyak   ber ta tik i   kus ten di ra de   ain bes te al bu

baz te rri an   pix ka batau   rre ra ju an ta   er mi ta xa rra pa sa tzi an
ra gu ri ak   goi ze   ti kan   or txen da biltza   ka li e tan txis tu la ri yak
ko e rri yak   o rain dik su el to da biltza   bi o rrak be yak ta ar di yak

or txen dauka   gu Le sa ka bis tari fo re batbe re ba ra tzi an   no la ezdau ka
az tu tzerdi   ra de nai ga bi   ak po zik o rre la i kus ti ak   e men da bil tza
mo du as ko   tan la gun tzendi   gu de nan mendi mai ta ga   rri yak   gu e   re ge ra

zun pa re ri   kan zukmun di guz ti an   Le sa kaLe sa ka_____   da gu re e rri
de nak salto   ka zar e   tagaz ti ak   _____
be re o fie   tan ja yo ta a zi yak

D.C.
3 veces
y FIN

ya   e zin detfo pa bes te   to kí bat ain zo ra ga rri ya

FIN   *Retardando*

Le sa kaLe sa ka_____   Le sa ka Mai te a_____

X. Madariaga, Lesaka, Nafarroa, 2016

[167]

BIZARDUNAK, "Amerika"

Azkenik, "Bizardunak" talde nafarraren ekarpentxoa aipatu behar dugu. 2009an sortu zen eta 2013an desagertu egin zen. Hona hemen entzun.com-en egiten duten taldearen soslaia:

"2009an atera ziren plazara ardo gorri naparrari eta zerbeza beltzari gorazarre egiten zioten bederatzi bizardun parrandazale eta, aldi berean, aldarrikatzaile eta kritiko.

Fiachras, Mermaid, Brigada Criminal, Basque Country Pharaons eta beste talde askotatik heldutako musikari nafar eta gipuzkoarrez osatua zegoen taldea.

Beti ere, festa giroan, euren irlandar jatorriko folkak eta punk jarrerak ez zituen inor epel utzi. Euren izena bolbora bezala zabaldu zen Euskal Herri osoan eta zuzeneko emanaldietan haragitu zuten lehen diskoan (2009) islatu zuten jarrera eta nortasuna. Euren kantuak segituan egin ziren ezagun. Bigarren diskoa *En Zugzwang* (2010) izan zen (euren konposatzeko gaitasuna erakutsi zuten lan honetan) eta hirugarrena eta azkenekoa, *Ur ederra kirats infinituan* (2012). Urrats bat aurrera egin eta folk ingelesara gerturatu zen taldea, rockari ere ateak irekiz".

Asmatu zituzten kantuen artean bada bat Ameriketarako emigrazioari buruz zerikusia duena. Musika irlandarraren estiloan abestu eta konposatu izan zuten 2010ean. Bertso-sortatzat hartua izan daiteke eduki narratibo, dramatiko eta emotiboa duena, nahiz eta ohiko bertsolaritzaren eredu estrofikorik ez erabili. Hoskidetza ere irregularra da, nahiz eta egon badagoen. Izenburua "Amerika" da eta hauxe da testua[66]:

---

[66] Hemen entzungai: https://www.youtube.com/watch?v=DeNk7Vw3plY

Mila bedederatziehun eta hogeita zazpi urte geure bezain
krudela.
Abaurrea Gaineko kale hotzetan bilatu nahian suerte
bertan.
Espartinak izotzezko basoetan kontrabando etengabetan.
Azal gazte hura zahartuz zihoan azkenengo lau urtetan.

Mixeriaren aurpegi beltz hura aldatu nahi eta ezinean,
Altzurukuko Dominik ezagutu nuen Holtzarteko baso
lanetan.
Ameriketara alde egiteaz hitz egiten hasi zitzaidan eta
bidai berri hura gauzatu genuen Larraineko taberna
batetan.

Entzun aita ama lagun on batekin Ameriketara noa.
Negarrik ez egin gaur alde egingo dut gauaren
iluntasunean.

Gaur itsasoa, bihar mundu berri bat guretzako.
Amestutako bidai zoragarri hau hastear da.
Negar malkoak atzera begiratzen dugunetan.
Sorlekuari bertso batzuk idatzi ozeanoan abesteko.

Orbara ondoko larre berdeak gu gobernatzeko zai daude.
Itzuliko gara egunen batean osasunez baldin bagaude.
Besarkada eman lagun guztiei eta maite ditugula esan.
Gure bihotza beti han egongo da gure lur maitatu
horretan.

Entzun aita ama lagun on batekin Ameriketara noa.
Negarrik ez egin gaur alde egingo dut gauaren
iluntasunean.

Noka musika taldearen abesti bat ekarri nahi dugu antologia honetara. Noka hirukote bat dugu, Ameriketako Estatu Batuetan jaiotako emakumez osatua[67]. Kideak honako hauexek dira:

Andrea Bidart
Begoña Echeverria
Cathy Petrissans

Euren web-orrian (http://www.ilovenoka.com/) taldearen deskripzio hau egiten da:

"Composed of Andréa Bidart, Begoña Echeverria and Cathy Petrissans, NOKA specializes in songs about Basque culture, gender and identity. We are particularly interested in songs that use noka, a familiar form of address historically used in speaking to a girl or woman with whom one had *konfiantza* or trust. Noka use has almost disappeared from every day speech, but it is still used among some immigrants to Chino, CA, our home town. By singing in noka, we hope to bring more awareness to this important aspect of the Basque language and, perhaps, increase its use."

Hona hemen kantu biren letrak, Euskal Diasporaren egunerko zenbait arlorekin zerikusia dutenak. Lehenengoak Diasporako familien barruko euskararen transmisioaz dihardu eta bigarrenak Diasporako euskaldunekiko enpatiarako gonbitea egiten digu, kontuan har dezagun euskaraz aritzeko dituzten zailtasunez eta ulerkorrak izateko.

---

[67] Euren web-orrian (http://www.ilovenoka.com/) taldearen deskripzio hau egiten da: "Composed of Andréa Bidart, Begoña Echeverria and Cathy Petrissans, NOKA specializes in songs about Basque culture, gender and identity. We are particularly interested in songs that use noka, a familiar form of address historically used in speaking to a girl or woman with whom one had *konfiantza* or trust. Noka use has almost disappeared from every day speech, but it is still used among some immigrants to Chino, CA, our home town. By singing in noka, we hope to bring more awareness to this important aspect of the Basque language and, perhaps, increase its use."

KAFESNEARI ESKER
(Hitzak: Begoña Echeverria)

Euskal alaba naiz ni, sortzez Chino-koa
Aita Ansonekoa, Ama Arnoskoa
Aspaldi ganak dira, Ameriketara
Nola hazi ninduten, eskualdun alaba?

Beren etxe berrietan, Chino-n izan arren
Baztanen bezalaxe, eskuaraz mintzatzen
Haurrak eskolatu 'ta, Ingelesa sartu zen
Euskuara atxitzeko, ba al zen itxaropen?
Euskuara atxitzeko, ba al zen itxaropen?

Echeverria denekin, ardura, bai, biltzen
Helduak eleketan, gazteak jolasten
Etxeratzekoan nik amari galde egiten:
"Kafesnea, faborez, afaldu ondoren?

Amari ideia gogoratu orduan
Ama hizkuntza nola ongi gorde dezan
Bere boz eztiekin, hauxe erran zautan:
"Kafesnea nahi badun, eskuaraz mintza zan"
"Kafesnea nahi badun, eskuaraz mintza zan"

Egunero eskatzen nion kafesnea
Amak neri: "orduan, mintza zan eskuaraz
Ongi haunditzekotan, haurra, hi bezala
Eskuara berdin zaindu, eman maitasuna"

Gorputzeri kafesneak dio, bai, indarra
Eta eskuarak, aldiz, arimari goza
Ene azken hitz hauek, nere Amari poza?
Kafesnea bezala, maite dut eskuara!
Kafesnea bezala, maite dut eskuara!

IZPEGI
(Hitzak: Begoña Echeverria)

Izpegiko bidea
Nengokinan beldur
Ibiltzen mantso mantso
Batzuk enekin samur
Bainan egun Izpegi
Harrapatzen dinat labur
Fite fite 'ta zuzen
Nahiz izan kizkur

Poxelamenduz bete
Zitzainan lehenago
Ez nindunan hain trebe
Izpegin ibiltzeko
Oztopo izan 'ta ere
Berdin zait oraingo
Beldurrez ibiltzea
Ez dinagu balio
Izpegia omen din
Muga eta zubi
Gauza bera gertatzen
Euskaldun guzieri
Ipar- 'ta Hegoalde
Zenbat hitz-gidari?
Elkarrekin mintzatuz
Ulerbide garbi

Euskal Herritik kanpo
Izpegi ailegatu
Guretako Nola
Hitzkuntza mantendu
Diasporen akatsak
Hobe ditun barkatu
Eskualbide estua
Dezagun zabaldu

Editorial Vasca Ekin Argitaletxea

Títulos publicados – Argitaratutako lanak

Euskal idaztiak

1	Joañixio	1946	Juan A. Irazusta
2	Ekaitzpean	1948	Jose Eizagirre
3	Bizia garratza da	1950	Juan A. Irazusta
4	Hamlet	1952	William Shakespeare (Bingen Ametzagak euskaratuta)
5	Kolonbiar olerti-txorta euzkeraz - Parnaso colombiano en euzkera	1968	
6	Gure Urretxindorra, Enbeita'tar Kepa	1971	Santiago Onaindia
7	Euskaldunak Argentina'n	1972	Erramun Joxe Zubillaga

Biblioteca de Cultura Vasca – Euskal Kultura Bilduma

1	El genio de Nabarra	1942	Arturo Campión y Jaime-Bon
2	Primitivos navegantes vascos	1942	Enrique de Gandía
3	Viajeros extranjeros en Vasconia	1942	Eneko Mitxelena
4	Pinceladas vascas	1942	Pierre Loti, Arturo Campión, Juan Iturralde y Suit
5	La aportación vasca al derecho internacional	1942	Jesús Galíndez
6	El Conde Peñaflorida y los Caballeritos de Azkoitia	1942	Jose Aralar
7	La democracia en Euzkadi I	1942	Jose Ariztimuño
8	La democracia en Euzkadi II	1942	Jose Ariztimuño
9	De música vasca	1943	Aita Donostia, Francisco Madina
10	Orígenes prearios del Pueblo Vasco	1943	Enrique Gandía
11	La lengua vasca: Gramática, conversación y diccionario I	1943	Ixaka Lopez Mendizabal

38	Estudios sobre la poesía vasca	1951	Jesús M. Leizaola
39	Estética vasca	1952	Bernardo Estornes Lasa
40	Francisco de Vitoria y el Nuevo Mundo	1952	Enrique Gandia
41	Blancos y Negros (Guerra en la paz)	1952	Arturo Campión y Jaime-Bon
42	El hombre prehistórico en el País Vasco	1953	Joxe Migel Barandiaran
43	Teatro vasco: El Bardo de Itzaltzu. El árbol dio una canción. Mujeres en Berrigorria	1954	Víctor Ruiz de Añibarro
44	Arte vasco: Pintura, escultura, dibujo y grabado	1954	Mauricio Flores Kaperotxipi
45	La conquista de Nabarra en el panorama europeo	1956	Prosper Boissonnade
46	La conquista de Nabarra II	1957	Prosper Boissonnade
47	La conquista de Nabarra III	1957	Prosper Boissonnade
48	La conquista de Nabarra IV	1961	Prosper Boissonnade
49	Amaya o los vascos en el siglo VIII	1957	F. Navarro Villoslada (versión reducida por Lore de Gamboa)
50	La tierra de Ayala y su fuero	1957	Jesús Galíndez
51	Vascos en Cuba	1958	Jon Bilbao
52	Sor Juana lnés de la Cruz (claro en la selva)	1958	Cecilia G. de Guilarte
53	Eneko Aritza, fundador del Reino de Pamplona	1959	Bernardo Estornes Lasa
54	Gure aditza (El verbo vasco)	1960	Bonifacio de Ataun
55	La crónica de la poesía popular vasca	1961	Jesús M. Leizaola
56	Sancho el Mayor rey de los vascos I	1962	Analecto de Ortueta
57	Sancho el Mayor rey de los vascos II	1963	Analecto de Ortueta
58	Gernikako arbola	1963	Enrique García Velloso (traducción de Txomin Iakakortexarena)
59	Iztegi. Erdera-euskera (castellano y vasco)	1964	
60	Iztegi. Euskera-erdera (vasco y castellano)	1964	
61	1808-1810 en la poesía popular vasca	1965	Jesús M. Leizaola
62	Colonizadores de la epopeya americana	1966	Xamurre
63	Unamuno y el vascuence	1966	Martin Ugalde

Colección Aberri ta Askatasuna bilduma

1	Gramática vasca abreviada	1957	Ixaka Lopez Mendizabal
2	Ami vasco	1957	Fray Evangelista de Ibero
3	El asesino de los fueros	1957	Un navarro de la Ribera
4	Euzko Ami	1957	Fray Evangelista de Ibero
5	El caso del clero vasco	1957	Iñaki Aspiazu
6	Zure anaia ixilkari	1961	
7	Tu hermano de la clandestinidad	1961	
8	Jóvenes de mañana	1969	Alberto Onaindia
9	Aurreruntz - Porvenir	1975	

www.ingramcontent.com/pod-product-compliance
Lightning Source LLC
Chambersburg PA
CBHW020858090426
42736CB00008B/421